BUKU MASAKAN LUAR PENAWAR DAGING

Resipi Permainan Liar Untuk Grill, Perokok, Dapur Kem, Dan unggun api

M. G. G. Anita

Bahan Hak Cipta ©2024

Hak cipta terpelihara

Tiada bahagian buku ini boleh digunakan atau dihantar dalam apa jua bentuk atau dengan sebarang cara tanpa kebenaran bertulis yang sewajarnya daripada penerbit dan pemilik hak cipta, kecuali petikan ringkas yang digunakan dalam semakan. Buku ini tidak boleh dianggap sebagai pengganti nasihat perubatan, undang-undang atau profesional lain.

ISI KANDUNGAN

ISI KANDUNGAN 3

PENGENALAN 7

DAGING MERAH 8

   1. Sarapan Sosej 9
   2. Sandwic Sarapan Pemakan Daging 11
   3. Kaserol Sarapan dengan Bacon dan Sosej 13
   4. Stik Mata Rib Kuali 15
   5. Telur Scotch 18
   6. Bebola Daging Murahan 20
   7. Nugget Stik 22
   8. Kambing Chop Bakar 24
   9. Kaki Kambing Panggang 26
   10. Kuah Ramen Babi 28
   11. Tenderloin Babi Goreng 30
   12. Telur Bakar Pemakan Daging 32
   13. Perut babi yang direbus 34
   14. Tumis Tomato dan Daging Lembu 36
   15. Daging lembu dan Brokoli 39
   16. Tumis Daging Lembu Lada Hitam 42
   17. Daging lembu Mongolia 45
   18. Daging Lembu Sichuan dengan Saderi dan Lobak Merah ... 48
   19. Cawan Salad Daging Lembu Hoisin 51
   20. Daging Babi Goreng dengan Bawang 53
   21. Babi Lima Rempah dengan Bok Choy 56
   22. Tumis Babi Hoisin 58
   23. Perut Babi Masak Dua Kali 60
   24. Babi Mu Shu dengan Lempeng Kuali 63
   25. Spareribs Babi dengan Sos Kacang Hitam 67
   26. Kambing Mongolia Goreng 69
   27. Kambing dengan Halia dan Daun Bawang 72
   28. daging lembu basil Thai 75

29. Babi BBQ Cina 77
30. Roti babi BBQ kukus 80
31. perut babi panggang Kantonis 83

DAGING PUTIH 86

32. Sup Ayam Bawang Putih Berkrim 87
33. Kepak ayam 89
34. Dada Ayam Goreng Mudah 91
35. Peha Ayam Rangup 93
36. Nugget Ayam Pemakan Daging 95
37. Bebola Daging Berasap Bacon 97
38. Tumis Bacon Ayam 99
39. Bebola Daging Lada 101
40. Peha Ayam Berkulit Parmesan 103
41. Ayam Mentega Bawang Putih 105
42. Gigitan Ayam Bungkus Bacon Bawang Putih 107
43. Lidi ayam(Kebab) 109
44. Wafel Pemakan Daging 111
45. Kentang Goreng Pemakan Daging 113
46. Batang Drum Ayam Bakar dengan Perapan Bawang Putih .. 115
47. Ayam Kung Pao 117
48. Ayam Brokoli 119
49. Ayam Zest Tangerine 121
50. Ayam gajus 124
51. Ayam dan Sayur dengan Sos Kacang Hitam 127
52. Ayam Kacang Hijau 130
53. Ayam dalam Sos Bijan 133
54. Ayam Masam Manis 136
55. Moo Goo Gai Pan 139
56. Telur Foo Yong 142
57. Tumis Telur Tomato 145
58. Udang dan Telur Kacau 147
59. Kastard Telur Kukus Sedap 150
60. Kepak ayam goreng bawaan Cina 152
61. ayam selasih thai 154

IKAN DAN MAKANAN LAUT 156

62. Gigitan Salmon dan Keju Krim 157
63. Isi Ikan Bakar 159
64. Kek Salmon 161
65. Lobster Belah Bakar 163
66. Kuah Tulang Ikan 165
67. Udang Mentega Bawang Putih 167
68. Udang Bakar 169
69. Ikan Kod Goreng Bawang putih Ghee 171
70. Garam dan Lada Udang 173
71. Udang mabuk 176
72. Udang Tumis Gaya Shanghai 178
73. Udang Walnut 180
74. Kerang Baldu 183
75. Makanan Laut dan Tumis Sayuran dengan Mee 185
76. Ikan Kukus Seluruh dengan Halia dan Daun Bawang 188
77. Ikan Tumis dengan Halia dan Bok Choy 191
78. Kerang dalam Sos Kacang Hitam 193
79. Ketam Kari Kelapa 195
80. Sotong Lada Hitam Goreng 197
81. Tiram Goreng dengan Konfeti Cili-Bawang Putih 199
82. Udara Goreng Udang Kelapa 202
83. Udara Gorenger Limau Lada Udang 204
84. Udang Berbalut Bacon 206
85. Kerang Ketam Menakjubkan 208
86. Cendawan Sumbat Udang 210
87. Ceviche Amerika 212
88. Ladu Babi dan Udang 214
89. Kebab Udang Pembuka selera 216
90. Koktel Udang Mexico 218

DAGING ORGAN 220

91. Lidah Daging Lembu Pan-Seared 221
92. Kebab Hati Maghribi 223
93. Quiche Pemakan Daging 225
94. Hati Lembu Mudah 227
95. Kek Pemakan Daging 229
96. Gigitan Buah Pinggang Daging Lembu Mudah 231

97. Burger Hati Lembu dan Ayam 233
98. Hati Ayam 235
99. Sumsum Tulang Panggang 237
100. Pate Hati Ayam 239

KESIMPULAN 241

PENGENALAN

Melangkah ke kawasan luar yang hebat dan mulakan pengembaraan masakan dengan "Buku Masakan Luaran Pemakan Daging," di mana aroma panggang yang berasap, bunyi unggun api dan desisan permainan liar bergabung untuk mencipta simfoni perisa. Buku masakan ini ialah panduan anda untuk meningkatkan masakan luar, menawarkan koleksi resipi permainan liar yang direka untuk pemanggang, perokok, dapur unggun dan unggun api. Sama ada anda seorang pemburu berpengalaman atau penggemar pesta luar, bersedia untuk menikmati keseronokan memburu dan kepuasan memasak hasil tuaian anda di bawah langit terbuka.

Bayangkan persahabatan di sekitar unggun api, hutan belantara bergema dengan bunyi alam semula jadi, dan penantian pesta yang dibuat daripada limpah kurnia alam luar. "Buku Masakan Luar Penawar Daging" adalah lebih daripada sekadar koleksi resipi; ia adalah satu pujian kepada hubungan antara pemburu, tanah, dan ganjaran lazat yang datang daripada memasak di alam liar.

Daripada stik daging rusa yang dipanggang dengan sempurna kepada rebus unggun api yang lazat dan permainan salai yang menarik, setiap resipi adalah perayaan rasa liar yang disediakan oleh alam semula jadi. Sama ada anda berada di tengah-tengah kawasan pedalaman, di tapak perkhemahan di tepi tasik, atau hanya di halaman rumah anda, resipi ini direka untuk menjadikan masakan luar pengalaman yang tidak dapat dilupakan dan lazat.

Sertai kami sambil kami meneroka seni memanggang, merokok dan memasak unggun api dengan permainan liar. " Buku Masakan Luar Penawar Daging " ialah rakan anda untuk menguasai unsur-unsur, menikmati hasil buruan dan mencipta hidangan luar yang tidak dapat dilupakan yang membawa orang ramai bersama-sama di sekeliling api. Jadi, nyalakan api, sediakan peralatan anda dan mari selami dunia masakan luar yang liar dan lazat dengan " Buku Masakan Luar Penawar Daging."

DAGING MERAH

1.Sarapan Sosej

BAHAN-BAHAN:
- 1 ½ paun daging babi atau daging lembu yang dikisar atau campuran kedua-duanya
- ¾ sudu teh pasli kering
- ½ sudu teh lada
- ¼ sudu teh lada merah ditumbuk
- 2 sudu besar lemak bacon atau minyak sapi atau lemak babi
- 1 ½ sudu teh garam atau secukup rasa
- ½ sudu teh sage kering
- ¼ sudu teh biji adas
- ½ sudu teh ketumbar kisar

ARAHAN:
a) Masukkan daging, garam, herba kering, dan rempah ke dalam mangkuk dan gaul rata.
b) Buat 12 patties dan gorengkannya dengan lemak bacon. Masak sehingga ia menjadi perang.
c) Terbalikkan patties dan masak dengan baik di kedua-dua belah.
d) Keluarkan patties dan letakkan di atas tuala kertas.
e) Masak sosej yang tinggal dengan cara yang sama.
f) Anda boleh membekukan roti sosej ini. Untuk ini, setelah sosej disejukkan, pindahkan ke atas loyang dan bekukan sehingga padat.
g) Keluarkan sosej beku dari lembaran pembakar dan letakkannya di dalam beg selamat beku. Anda boleh membekukan sosej sehingga 6 bulan.
h) Jika anda tidak mahu membekukannya, letakkan sosej dalam bekas kedap udara di dalam peti sejuk. Gunakan dalam masa 5 - 6 hari.

2.Sandwic Sarapan Pemakan Daging

BAHAN-BAHAN:
- 4 biji sosej
- 2 keping keju cheddar (2 auns)
- 2 biji telur
- 2 sudu teh mentega atau lemak bacon
- Garam dan lada sulah secukup rasa

ARAHAN:
a) Ratakan patties dengan ketebalan kira-kira ½ inci.
b) Letakkan kuali di atas api sederhana. Tambah 1-sudu kecil mentega. Setelah mentega cudara, letakkan patties dalam kuali.
c) Masak hingga keperangan di bahagian bawah. Balikkan patties dan masak dengan baik di sebelah yang lain juga.
d) Keluarkan patties dari kuali menggunakan sudu berlubang dan ketepikan pada lapisan tuala kertas untuk mengalir.
e) Masukkan satu sudu kecil mentega ke dalam kuali. Setelah mentega cudara, pecahkan telur dalam kuali. Masak telur sebelah cerah. Perasakan telur dengan garam dan lada sulah.
f) Untuk membuat sandwic: Letakkan 2 patties di atas pinggan dan letakkan sebiji telur pada setiap patty diikuti dengan sepotong keju. Lengkapkan sandwic dengan menutup dengan patties yang tinggal dan hidangkan.

3.Kaserol Sarapan dengan Bacon dan Sosej

BAHAN-BAHAN:
- 6 biji telur
- 6 keping bacon, masak hancur
- 1 cawan keju parmesan parut
- ¾ paun sosej
- 6 sudu besar krim kental
- 1 sudu teh sos panas
- Perasa pilihan anda

ARAHAN:
a) Masukkan sedikit lemak haiwan ke dalam bekas kaserol dan griskannya dengan baik.
b) Pastikan ketuhar anda dipanaskan hingga 350° F.
c) Letakkan kuali dengan sosej di atas api sederhana. Masak sehingga perang. Anda perlu menghancurkannya semasa ia masak. Tutup api.
d) Masukkan bacon dan gaul rata. Sapukan campuran daging dalam kaserol.
e) Taburkan ½ cawan keju ke atas daging.
f) Kisar telur, krim, sos panas, dan bahan perasa dalam pengisar sehingga rata.
g) Gerimis di atas lapisan daging dan keju. Taburkan baki keju di atas.
h) Bakar kaserol selama kira-kira 30 minit atau sehingga ia masak dengan baik di dalamnya. Untuk memeriksa, masukkan pisau di tengah pinggan mangkuk dan tarik keluar dengan segera. Jika ada zarah pada pisau, bakar selama beberapa minit lagi.
i) Sejukkan selama 10-12 minit dan hidangkan.

4.Stik Mata Rib Kuali

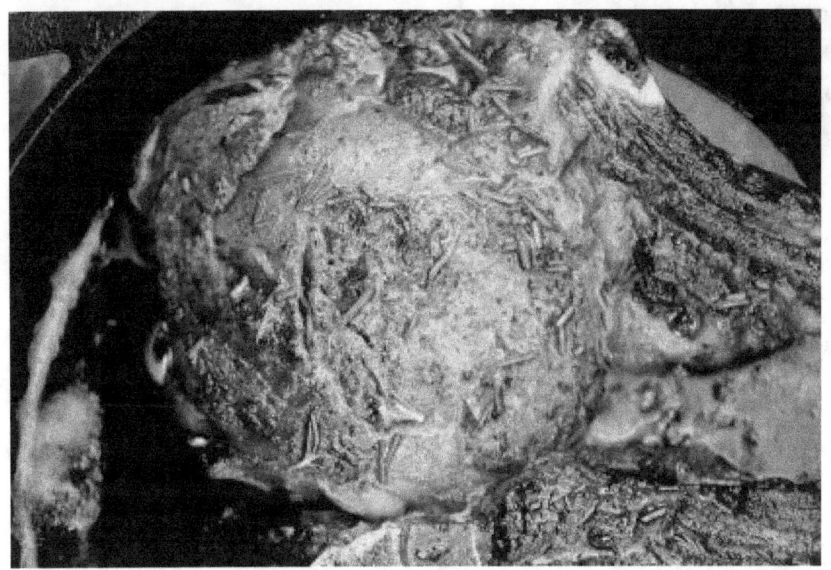

BAHAN-BAHAN:
- 2 stik tulang rusuk mata (1 ¼ - 1 ½ inci tebal)
- 4 sudu teh daun rosemary segar yang dicincang halus
- 2 sudu besar minyak zaitun
- 2 sudu teh perasa Stone House atau apa-apa perasa pilihan anda
- 2 sudu besar mentega tanpa garam

ARAHAN:

a) Taburkan perasa di seluruh stik. Gosok dengan baik ke dalamnya.
b) Letakkannya di atas loyang dan taburkan daun rosemary di atasnya.
c) Tutup loyang dengan cling wrap dan masukkan ke dalam peti sejuk. Mereka akan kekal segar sehingga 3 hari.
d) Keluarkan loyang dari peti sejuk 30 minit sebelum memasak dan letakkan di atas meja anda.
e) Letakkan kuali di atas api sederhana tinggi dan biarkan ia panas. Masukkan minyak dan mentega dan tunggu sehingga mentega cudara.
f) Letakkan stik dalam kuali.
g) Untuk jarang: Masak selama 2-3 minit di kedua-dua belah, supaya stik menjadi perang keemasan di semua sisi. Siram stik dengan cecudara semasa ia terus masak.
h) Menggunakan sepasang penyepit (bahagian belakang), tekan stik di tengah. Apabila ia lembut, keluarkan stik dari kuali dan letakkan di atas papan pemotong.
i) Untuk sederhana: Masak selama 4 minit atau sehingga bahagian bawah berwarna perang keemasan sedikit. Pusingkan sebelah sekali dan masak sebelah lagi selama 4 minit. Lumurkan stik dengan cecudara yang telah dimasak semasa memasak.
j) Menggunakan sepasang penyepit, tekan stik di tengah. Jika ia lebih pejal, keluarkan stik dari kuali.
k) Untuk siap: Masak selama 5-6 minit atau sehingga bahagian bawah berwarna perang keemasan. Pusingkan sebelah sekali dan masak sebelah lagi selama 5-6 minit. Lumurkan stik dengan cecudara yang telah dimasak semasa memasak.
l) Menggunakan sepasang penyepit (bahagian belakang), tekan stik di tengah. Jika ia sangat padat, keluarkan stik dari kuali.
m) Apabila stik masak mengikut kesukaan anda, keluarkan stik dari kuali dan letakkan di atas papan pemotong.
n) Tutup stik dengan foil dan biarkan ia berehat selama 5 minit.
o) Hiris pada bijirin dan hidangkan.

5. Telur Scotch

BAHAN-BAHAN:
- 3 telur sederhana, rebus, dikupas
- 1 sudu teh herba atau rempah pilihan anda
- ¼ sudu teh garam atau secukup rasa
- ½ paun daging merah kisar pilihan anda
- Lada secukup rasa (pilihan)

ARAHAN:
a) Panaskan ketuhar anda hingga 350° F.
b) Keringkan telur dengan menepuk dengan tuala dapur.
c) Gunakan mana-mana rempah yang disukai. Beberapa cadangan ialah serbuk kari, mustard, pasli, perasa Itali atau Old Bay.
d) Sebaik-baiknya gunakan daging tanpa lemak jika tidak daging yang menutupi telur mungkin tertanggal apabila lemak mencudara.
e) Satukan daging, garam perasa, dan lada sulah dalam mangkuk. Bahagikan adunan kepada 3 bahagian yang sama.
f) Ambil sebahagian daging dan ratakan dengan tapak tangan. Letakkan telur di tengah dan tutupkan telur dengan daging (seperti ladu). Letakkan di atas loyang yang telah digris.
g) Ulangi langkah sebelumnya dan buat telur scotch yang lain.
h) Letakkan loyang di dalam ketuhar dan bakar selama kira-kira 25 hingga 30 minit atau sehingga perang keemasan di atas.

6.Bebola Daging Murahan

BAHAN-BAHAN:
- 1-auns kulit babi
- 1 paun daging lembu yang diberi makan rumput
- ½ sudu teh garam laut merah jambu
- 1 ½ auns campuran keju Itali yang dicincang
- 1 biji telur pastur besar
- ½ sudu besar lemak babi

ARAHAN:
a) Sediakan loyang dengan melapik dengan kertas parchment. Panaskan ketuhar anda hingga 350° F.
b) Satukan daging lembu, kulit babi, garam, telur, keju dan lemak babi dalam mangkuk. Buat 12 bahagian yang sama adunan dan bentukkan menjadi bebola. Letakkan bebola di atas loyang.
c) Bakar bebola daging selama kira-kira 20-30 minit. Balikkan bebola selepas kira-kira 10-12 minit dibakar. Apabila bebola daging dimasak dengan baik, suhu dalaman di tengah bebola daging hendaklah 165° F.
d) Anda boleh memasak bebola daging dalam penggoreng udara jika anda memilikinya. Terbalikkan bebola beberapa kali semasa memasak dalam penggoreng udara.
e) Keluarkan bebola daging dari kuali dan hidangkan.

7.Nugget Stik

BAHAN-BAHAN:
- Stik daging rusa 2 paun atau stik daging lembu, dicincang menjadi kepingan
- Lemak babi, seperti yang diperlukan, untuk menggoreng
- 2 biji telur pastur besar

MEMORI
- 1 cawan keju parmesan parut
- 1 sudu teh garam perasa
- 1 cawan daging babi panko

ARAHAN:
a) Pukul telur dalam mangkuk.
b) Masukkan daging babi panko, garam, dan parmesan ke dalam mangkuk cetek dan kacau.
c) Mula-mula, celup kepingan stik dalam telur, satu demi satu. Goncang cecudara tambahan, korek dalam campuran parmesan dan letakkan di atas pinggan.
d) Ulangi proses ini dengan kepingan stik yang tinggal.
e) Tuangkan lemak babi secukupnya dalam kuali yang dalam. Letakkan kuali di atas api sederhana dan biarkan lemak babi panas.
f) Apabila minyak dipanaskan hingga sekitar 325° F, letakkan beberapa kepingan stik yang dilapisi tepung roti dengan berhati-hati ke dalam minyak. Pusingkan kepingan stik beberapa kali supaya semuanya berwarna perang secara seragam.
g) Keluarkan stik dengan sudu berlubang dan letakkan di atas pinggan yang telah dialas dengan tuala kertas. Biarkan ia mengalir selama beberapa minit.
h) Masak kepingan stik yang tinggal dengan cara yang sama (langkah 6-7). Hidang.

8.Kambing Chop Bakar

BAHAN-BAHAN:
- 4 ketul kambing (¾ inci tebal)
- ½ sudu besar rosemary segar yang dicincang halus
- Garam secukup rasa
- 1 ½ sudu besar minyak zaitun extra-virgin
- 2 ulas bawang putih, dikupas, dikisar
- Lada yang baru dikisar secukup rasa

ARAHAN:

a) Masukkan rosemary, garam, minyak, bawang putih, dan lada ke dalam mangkuk dan gaul rata.

b) Sapukan adunan ini ke seluruh daging dan masukkan ke dalam mangkuk. Biarkan ia perap lebih kurang 15 minit.

c) Sementara itu, sediakan gril anda dan panaskan kepada sederhana tinggi. Anda juga boleh memasaknya dalam kuali panggang.

d) Untuk jarang: Masak selama 2-3 minit atau sehingga bahagian bawah berwarna perang keemasan muda. Pusingkan sebelah sekali dan masak sebelah lagi selama 2-3 minit.

e) Untuk sederhana jarang: Masak selama 4 minit atau sehingga bahagian bawah berwarna perang keemasan. Pusingkan sebelah sekali dan masak sebelah lagi selama 4 minit.

f) Keluarkan dengan sudu berlubang dan letakkan di atas pinggan hidangan yang telah dialas dengan kertas minyak.

g) Hidangkan selepas berehat selama 5 minit.

9.Kaki Kambing Panggang

BAHAN-BAHAN:
- 2 ulas bawang putih, dikupas, dihiris
- Garam secukup rasa
- 2 ½ paun kaki kambing
- Beberapa tangkai rosemary segar
- Lada secukup rasa

ARAHAN:
a) Sediakan loyang dengan mengoleskan sedikit lemak. Pastikan ketuhar anda dipanaskan hingga 350° F.
b) Buat beberapa belahan di seluruh kambing. Isikan celah dengan hirisan bawang putih.
c) Taburkan sejumlah besar garam dan lada sulah pada kaki kambing.
d) Taburkan beberapa tangkai rosemary dalam kuali dan letakkan kaki kambing di atasnya. Taburkan beberapa tangkai rosemary di atas kaki juga.
e) Bakar selama kira-kira 1 jam 30 minit atau mengikut cara memasak yang anda suka. Untuk medium-rare, suhu dalaman di tengah-tengah bahagian paling tebal daging harus menunjukkan 135° F.

10.Kuah Ramen Babi

BAHAN-BAHAN:
- 1.1 paun tulang babi, dicincang menjadi kepingan besar
- 2 ¾ paun babi trotters, bahagian kaki sahaja, dicincang menjadi kepingan yang lebih kecil
- 1 bangkai ayam
- 5.3 auns kulit babi
- 7 ½ liter udara dan tambahan untuk dicelur

ARAHAN:
a) Untuk mencerahkan tulang: Ambil periuk besar. Letakkan trotter babi dan tulang babi di dalamnya. Tuangkan udara secukupnya untuk menutupi tulang.
b) Letakkan periuk di atas api sederhana. Biarkan ia mendidih selama kira-kira 10 minit. Keluarkan dari haba. Keluarkan tulang dan ketepikan.
c) Buang udara dan bilas periuk dengan baik.
d) Bersihkan tulang daripada sebarang bekuan darah dan buih dengan pisau tajam. Pastikan anda mengeluarkan semuanya.
e) Masukkan 7.5 liter udara ke dalam periuk besar. Biarkan mendidih. Masukkan tulang ke dalam periuk. Juga, masukkan kulit babi.
f) Perlahankan api dan biarkan mendidih.
g) Pada mulanya, buih akan mula terapung ke atas. Keluarkan buih dengan sudu besar dan buang. Potong juga lemak berlebihan.
h) Tutup periuk dengan tudung dan reneh selama kira-kira 12-15 jam. Stok akan berkurangan dalam kuantiti dan akan menjadi lebih tebal dan agak keruh.
i) Keluarkan dari haba. Apabila ia sejuk, tapis ke dalam balang besar dengan penapis jaring dawai.
j) Sejukkan selama 5-6 hari. Kuah yang tidak digunakan boleh dibekukan.
k) Untuk dihidangkan: Panaskan hingga sebati. Masukkan garam dan lada sulah secukup rasa dan hidangkan.

11. Tenderloin Babi Goreng

BAHAN-BAHAN:
- 2 paun daging babi tenderloin, dibelah empat
- Garam dan lada sulah secukup rasa
- 2 sudu besar minyak sapi atau lemak babi

ARAHAN:
a) Letakkan kuali besar di atas api sederhana. Masukkan lemak dan biarkan ia cudara.
b) Masukkan daging babi dan masak selama beberapa minit tanpa gangguan. Putar dan masak bahagian lain dengan cara yang sama sehingga suhu dalaman daging di bahagian paling tebal menunjukkan 145° F.
c) Keluarkan daging babi dari kuali dan letakkan di atas papan pemotong anda. Apabila cukup sejuk untuk dikendalikan, potong menjadi kepingan setebal 1 inci. Hidang.

12.Telur Bakar Pemakan Daging

BAHAN-BAHAN:
- ½ sudu besar mentega masin
- ½ sudu teh pasli kering
- ¼ sudu teh paprika salai yang dikisar
- 2 biji telur besar
- 3.5 auns daging lembu kisar
- ½ sudu teh jintan halus
- Garam dan lada sulah secukup rasa
- ¼ cawan keju cheddar parut

ARAHAN:
a) Panaskan ketuhar anda hingga 400° F.
b) Masukkan mentega ke dalam kuali kecil kalis ketuhar dan letakkan di atas api yang tinggi dan biarkan ia cudara.
c) Masukkan daging lembu dan masak selama satu minit, kacau sepanjang masa.
d) Kacau dalam paprika, garam, lada, jintan, dan pasli. Pecahkan daging semasa ia masak. Tutup api.
e) Letakkan adunan daging secara rata, di seluruh kuali. Buat 2 lubang dalam kuali. Lubang harus cukup besar untuk muat masuk telur.
f) Pecahkan sebiji telur setiap satu dalam setiap rongga.
g) Letakkan kuali ke dalam ketuhar dan bakar sehingga telur masak seperti yang anda suka.

13.Perut babi yang direbus

BAHAN-BAHAN:
- 3/4 lb. perut babi tanpa lemak, kulit
- 2 sudu besar minyak
- 1 sudu besar gula (gula batu lebih disukai jika ada)
- 3 sudu besar wain shaoxing
- 1 sudu besar kicap biasa
- ½ sudu besar kicap gelap
- 2 cawan udara

ARAHAN:

a) Mulakan dengan memotong perut babi anda menjadi kepingan tebal 3/4 inci.

b) Didihkan periuk udara. Rebus kepingan perut babi selama beberapa minit. Ini menyingkirkan kekotoran dan memulakan proses memasak. Keluarkan daging babi dari periuk, bilas, dan ketepikan.

c) Dengan api perlahan, masukkan minyak dan gula ke dalam kuali anda. Cudarakan sedikit gula dan masukkan daging babi. Naikkan api ke sederhana dan masak sehingga daging babi berwarna perang sedikit.

d) Kecilkan semula api kepada rendah dan tambahkan wain masakan shaoxing, kicap biasa, kicap gelap dan udara.

e) Tutup dan reneh selama kira-kira 45 minit hingga 1 jam sehingga daging babi empuk. Setiap 5-10 minit, kacau untuk mengelakkan hangus dan tambah lebih banyak udara jika terlalu kering.

f) Setelah daging babi empuk, jika masih terdapat banyak cecudara yang kelihatan, buka kuali, besarkan api, dan kacau berterusan sehingga sos menjadi salutan berkilauan.

14. Tumis Tomato dan Daging Lembu

BAHAN-BAHAN:
- ¾ paun flank atau skirt skirt, potong mengikut bijirin menjadi kepingan setebal ¼ inci
- 1½ sudu besar tepung jagung, dibahagikan
- 1 sudu besar wain beras Shaoxing
- Garam kosher
- Lada putih kisar
- 1 sudu besar pes tomato
- 2 sudu besar kicap ringan
- 1 sudu teh minyak bijan
- 1 sudu teh gula
- 2 sudu besar udara
- 2 sudu besar minyak sayuran
- 4 hirisan halia segar yang dikupas, setiap satu kira-kira saiz suku
- 1 biji bawang merah besar, dihiris nipis
- 2 ulas bawang putih, dikisar halus
- 5 biji tomato besar, masing-masing dipotong 6 biji
- 2 daun bawang, bahagian putih dan hijau dipisahkan, dihiris nipis

ARAHAN:

a) Dalam mangkuk kecil, campurkan daging lembu dengan 1 sudu besar tepung jagung, wain beras, dan secubit kecil setiap garam dan lada putih. Ketepikan selama 10 minit.

b) Dalam mangkuk kecil yang lain, kacau bersama baki ½ sudu besar tepung jagung, pes tomato, soya ringan, minyak bijan, gula dan udara. Mengetepikan.

c) Panaskan kuali di atas api sederhana tinggi sehingga setitik udara mendesis dan sejat apabila terkena. Tuangkan minyak sayuran dan pusingkan untuk menyalut pangkal kuali. Perasakan minyak dengan memasukkan halia dan sedikit garam. Biarkan halia mendidih dalam minyak selama kira-kira 30 saat, berputar perlahan-lahan.

d) Pindahkan daging lembu ke dalam kuali dan tumis selama 3 hingga 4 minit, sehingga tidak lagi merah jambu. Masukkan bawang merah dan bawang putih dan tumis selama 1 minit. Masukkan tomato dan putih daun bawang dan teruskan tumis.

e) Kacau dalam sos dan teruskan menumis selama 1 hingga 2 minit, atau sehingga daging lembu dan tomato bersalut dan sos telah pekat sedikit.

f) Buang halia, pindahkan ke pinggan, dan hiaskan dengan daun bawang. Hidangkan panas.

15. Daging lembu dan Brokoli

BAHAN-BAHAN:
- ¾ paun stik skirt, potong bijirin menjadi kepingan setebal ¼ inci
- 1 sudu besar baking soda
- 1 sudu besar tepung jagung
- 4 sudu besar udara, dibahagikan
- 2 sudu besar sos tiram
- 2 sudu besar wain beras Shaoxing
- 2 sudu kecil gula perang
- 1 sudu besar sos hoisin
- 2 sudu besar minyak sayuran
- 4 hirisan halia segar yang dikupas, kira-kira saiz suku
- Garam kosher
- Brokoli 1 paun, dipotong menjadi kuntum saiz gigitan
- 2 ulas bawang putih, dikisar halus

ARAHAN:
a) Dalam mangkuk kecil, campurkan bersama daging lembu dan soda penaik untuk bersalut. Ketepikan selama 10 minit. Bilas daging lembu dengan sangat baik dan kemudian keringkan dengan tuala kertas.
b) Dalam mangkuk kecil yang lain, kacau tepung jagung dengan 2 sudu besar udara dan campurkan dalam sos tiram, wain beras, gula perang dan sos hoisin. Mengetepikan.
c) Panaskan kuali di atas api sederhana tinggi sehingga setitik udara mendesis dan sejat apabila terkena. Tuangkan minyak dan putar untuk menyalut dasar kuali. Perasakan minyak dengan memasukkan halia dan sedikit garam. Biarkan halia mendidih dalam minyak selama kira-kira 30 saat, berputar perlahan-lahan. Masukkan daging lembu ke dalam kuali dan tumis selama 3 hingga 4 minit, sehingga tidak lagi merah jambu. Pindahkan daging lembu ke dalam mangkuk dan ketepikan.
d) Masukkan brokoli dan bawang putih dan tumis selama 1 minit, kemudian masukkan baki 2 sudu besar udara. Tutup kuali dan kukus brokoli selama 6 hingga 8 minit, sehingga ia garing-lembut.
e) Kembalikan daging lembu ke dalam kuali dan kacau dalam sos selama 2 hingga 3 minit, sehingga bersalut sepenuhnya dan sos telah pekat sedikit. Buang halia, pindahkan ke pinggan, dan hidangkan panas.

16. Tumis Daging Lembu Lada Hitam

BAHAN-BAHAN:
- 1 sudu besar sos tiram
- 1 sudu besar wain beras Shaoxing
- 2 sudu teh tepung jagung
- 2 sudu kecil kicap ringan
- Lada putih kisar
- ¼ sudu teh gula
- ¾ paun petua tenderloin daging lembu atau petua sirloin, dipotong menjadi kepingan 1 inci
- 3 sudu besar minyak sayuran
- 3 hirisan halia segar yang dikupas, setiap satu kira-kira saiz suku
- Garam kosher
- 1 lada benggala hijau, dipotong menjadi jalur selebar ½ inci
- 1 biji bawang merah kecil, dihiris nipis
- 1 sudu teh lada hitam yang baru dikisar, atau lebih secukup rasa
- 2 sudu teh minyak bijan

ARAHAN:

a) Dalam mangkuk adunan, kacau bersama sos tiram, wain beras, tepung jagung, soya ringan, secubit lada putih dan gula. Toskan daging lembu hingga bersalut dan perap selama 10 minit.

b) Panaskan kuali di atas api sederhana tinggi sehingga setitik udara mendesis dan sejat apabila terkena. Tuangkan minyak sayuran dan pusingkan untuk menyalut pangkal kuali. Masukkan halia dan secubit garam. Biarkan halia mendidih dalam minyak selama kira-kira 30 saat, berputar perlahan-lahan.

c) Menggunakan penyepit, pindahkan daging lembu ke dalam kuali dan buang baki perapan. Gorengkan pada kuali selama 1 hingga 2 minit, atau sehingga timbul kerak hangus coklat. Balikkan daging lembu dan goreng di sebelah lagi, 2 minit lagi. Tumis, tos dan balik dalam kuali selama 1 hingga 2 minit lagi, kemudian pindahkan daging lembu ke dalam mangkuk yang bersih.

d) Masukkan lada benggala dan bawang dan tumis selama 2 hingga 3 minit, atau sehingga sayur-sayuran kelihatan berkilat dan lembut. Kembalikan daging lembu ke dalam kuali, masukkan lada hitam, dan tumis bersama selama 1 minit lagi.

e) Buang halia, pindahkan ke pinggan, dan renjiskan minyak bijan di atasnya. Hidangkan panas.

17. Daging lembu Mongolia

BAHAN-BAHAN:
- 2 sudu besar wain beras Shaoxing
- 1 sudu besar kicap gelap
- 1 sudu besar tepung jagung, dibahagikan
- ¾ paun stik flank, potong mengikut bijirin menjadi kepingan setebal ¼ inci
- ¼ cawan udara rebusan ayam rendah natrium
- 1 sudu besar gula perang ringan
- 1 cawan minyak sayuran
- 4 atau 5 tangkai cili merah kering
- 4 ulas bawang putih, cincang kasar
- 1 sudu teh halia segar dikupas halus
- ½ bawang kuning, dihiris nipis
- 2 sudu besar ketumbar segar yang dicincang kasar

ARAHAN:

a) Dalam mangkuk adunan, kacau bersama wain beras, soya gelap, dan 1 sudu besar tepung jagung. Masukkan stik flank yang dihiris dan gaulkan hingga berlapis. Ketepikan dan perap selama 10 minit.

b) Tuangkan minyak ke dalam kuali dan bawa ke 375°F dengan api sederhana tinggi. Anda boleh tahu minyak berada pada suhu yang betul apabila anda mencelupkan hujung sudu kayu ke dalam minyak. Jika minyak menggelegak dan berdesis di sekelilingnya, minyak sudah siap.

c) Angkat daging lembu dari perapan, tempah perapan. Masukkan daging lembu ke dalam minyak dan goreng selama 2 hingga 3 minit, sehingga ia membentuk kerak emas. Menggunakan skimmer kuali, pindahkan daging lembu ke mangkuk bersih dan ketepikan. Masukkan udara rebusan ayam dan gula perang ke dalam mangkuk perapan dan kacau hingga sebati.

d) Tuangkan semua kecuali 1 sudu besar minyak dari kuali dan letakkan di atas api yang sederhana tinggi. Masukkan cili padi, bawang putih dan halia. Biarkan aromatik mendesis dalam minyak selama kira-kira 10 saat, berputar perlahan-lahan.

e) Masukkan bawang dan tumis selama 1 hingga 2 minit, atau sehingga bawang lembut dan lut sinar. Masukkan adunan udara rebusan ayam dan gaul hingga sebati. Rebus selama kira-kira 2 minit, kemudian masukkan daging lembu dan gaulkan semuanya selama 30 saat lagi.

f) Pindahkan ke pinggan, hiaskan dengan ketumbar, dan hidangkan panas.

18. Daging Lembu Sichuan dengan Saderi dan Lobak Merah

BAHAN-BAHAN:
- 2 sudu besar wain beras Shaoxing
- 1 sudu besar kicap gelap
- 2 sudu teh minyak bijan
- ¾ paun flank atau skirt skirt, potong mengikut bijirin menjadi kepingan setebal ¼ inci
- 1 sudu besar sos hoisin
- 2 sudu kecil kicap ringan
- 2 sudu teh udara
- 2 sudu besar tepung jagung, dibahagikan
- ¼ sudu teh serbuk lima rempah Cina
- 2 sudu besar minyak sayuran
- 1 sudu kecil lada Sichuan, ditumbuk
- 4 hirisan halia segar yang dikupas, setiap satu kira-kira saiz suku
- 3 ulas bawang putih, ditumbuk ringan
- 2 tangkai saderi, dijulurkan kepada jalur 3 inci
- 1 lobak merah besar, dikupas dan digelung hingga jalur 3 inci
- 2 biji daun bawang, hiris nipis

ARAHAN:

a) Dalam mangkuk adunan, kacau bersama wain beras, soya gelap, dan minyak bijan. Masukkan daging lembu dan gaul hingga sebati. Ketepikan selama 10 minit. Dalam mangkuk kecil, satukan sos hoisin, soya ringan, udara, 1 sudu besar tepung jagung dan lima serbuk rempah. Mengetepikan.

b) Panaskan kuali di atas api sederhana tinggi sehingga setitik udara mendesis dan sejat apabila terkena. Tuangkan minyak sayuran dan pusingkan untuk menyalut pangkal kuali. Perasakan minyak dengan menambah lada, halia, dan bawang putih. Biarkan aromatik mendesis dalam minyak selama kira-kira 10 saat, berputar perlahan-lahan.

c) Masukkan daging lembu ke dalam baki 1 sudu besar tepung jagung untuk disalut, dan masukkan ke dalam kuali. Goreng daging lembu di tepi kuali selama 1 hingga 2 minit, atau sehingga kerak panggang berwarna perang keemasan. Balik-balikkan dan bakar di bahagian lain selama satu minit lagi. Tos dan balik selama kira-kira 2 minit lagi, sehingga daging lembu tidak lagi merah jambu.

d) Gerakkan daging lembu ke tepi kuali dan masukkan saderi dan lobak merah ke tengah. Tumis, tos dan balik sehingga sayur lembut, 2 hingga 3 minit lagi. Kacau campuran sos hoisin dan tuangkan ke dalam kuali. Teruskan menggoreng, salut daging lembu dan sayur-sayuran dengan sos selama 1 hingga 2 minit, sehingga sos mula pekat dan menjadi berkilat. Keluarkan halia dan bawang putih dan buang.

e) Pindahkan ke dalam pinggan dan hiaskan dengan daun bawang. Hidangkan panas.

19. Cawan Salad Daging Lembu Hoisin

BAHAN-BAHAN:
- ¾ paun daging lembu kisar
- 2 sudu teh tepung jagung
- Garam kosher
- Lada hitam yang baru dikisar
- 3 sudu besar minyak sayuran, dibahagikan
- 1 sudu besar halia dihiris halus
- 2 ulas bawang putih, dikisar halus
- 1 lobak merah, kupas dan julienned
- 1 (4-auns) tin berangan udara dipotong dadu, toskan dan bilas
- 2 sudu besar sos hoisin
- 3 daun bawang, bahagian putih dan hijau dipisahkan, dihiris nipis
- 8 helai daun salad (atau Bibb) lebar, dipotong menjadi cawan bulat yang kemas

ARAHAN:

a) Dalam mangkuk, taburkan daging lembu dengan tepung jagung dan secubit setiap garam dan lada sulah. Gaul sebati hingga sebati.

b) Panaskan kuali di atas api sederhana tinggi sehingga sebutir udara berdesing dan sejat apabila bersentuhan. Tuangkan 2 sudu besar minyak dan putar untuk menyalut dasar kuali. Masukkan daging lembu dan perang di kedua-dua belah, kemudian toskan dan balik, pecahkan daging lembu menjadi hancur dan berketul selama 3 hingga 4 minit, sehingga daging lembu tidak lagi merah jambu. Pindahkan daging lembu ke dalam mangkuk bersih dan ketepikan.

c) Lap kuali hingga bersih dan kembalikan ke api sederhana. Masukkan baki 1 sudu besar minyak dan cepat-cepat tumis halia dan bawang putih dengan secubit garam. Sebaik sahaja bawang putih wangi, masukkan lobak merah dan buah berangan udara selama 2 hingga 3 minit, sehingga lobak merah menjadi lembut. Kecilkan api ke sederhana, kembalikan daging lembu ke dalam kuali, dan toskan dengan sos hoisin dan putih daun bawang. Tos hingga sebati, kira-kira 45 saat lagi.

d) Bentangkan daun salad, 2 setiap pinggan, dan bahagikan campuran daging lembu di antara daun salad. Hiaskan dengan daun bawang dan makan seperti taco lembut.

20. Daging Babi Goreng dengan Bawang

BAHAN-BAHAN:
- 4 ketul daging babi tanpa tulang
- 1 sudu besar wain Shaoxing
- ½ sudu teh lada hitam yang baru dikisar
- Garam kosher
- 3 cawan minyak sayuran
- 2 sudu besar tepung jagung
- 3 hirisan halia segar yang dikupas, setiap satu kira-kira saiz suku
- 1 biji bawang kuning sederhana, dihiris nipis
- 2 ulas bawang putih, dikisar halus
- 2 sudu besar kicap ringan
- 1 sudu teh kicap gelap
- ½ sudu teh cuka wain merah
- gula

ARAHAN:

a) Tumbuk daging babi dengan palu daging sehingga tebal ½ inci. Letakkan dalam mangkuk dan perasakan dengan wain beras, lada sulah, dan sedikit garam. Perap selama 10 minit.

b) Tuangkan minyak ke dalam kuali; minyak hendaklah kira-kira 1 hingga 1½ inci dalam. Bawa minyak ke 375°F dengan api sederhana tinggi. Anda boleh tahu minyak berada pada suhu yang betul apabila anda mencelupkan hujung sudu kayu ke dalam minyak. Jika minyak menggelegak dan berdesis di sekelilingnya, minyak sudah siap.

c) Bekerja dalam 2 kelompok, salutkan daging dengan tepung jagung. Perlahan-lahan turunkan satu demi satu ke dalam minyak dan goreng selama 5 hingga 6 minit, sehingga keemasan. Pindahkan ke pinggan berlapik tuala kertas.

d) Tuangkan semua kecuali 1 sudu besar minyak dari kuali dan letakkan di atas api yang sederhana tinggi. Perasakan minyak dengan memasukkan halia dan sedikit garam. Biarkan halia mendidih dalam minyak selama kira-kira 30 saat, berputar perlahan-lahan.

e) Tumis bawang selama kira-kira 4 minit, sehingga lut sinar dan lembut. Masukkan bawang putih dan tumis selama 30 saat lagi, atau sehingga naik bau. Pindahkan ke pinggan dengan daging babi.

f) Ke dalam kuali, tuangkan soya ringan, soya gelap, cuka wain merah, dan secubit gula dan kacau hingga sebati.

g) Didihkan dan kembalikan bawang dan daging babi ke dalam kuali. Tos hingga sebati apabila sos mula pekat sedikit.

h) Keluarkan halia dan buang. Pindahkan ke dalam pinggan dan hidangkan segera.

21.Babi Lima Rempah dengan Bok Choy

BAHAN-BAHAN:
- 1 sudu besar kicap ringan
- 1 sudu besar wain beras Shaoxing
- 1 sudu teh serbuk lima rempah Cina
- 1 sudu teh tepung jagung
- ½ sudu teh gula perang ringan
- ¾ paun daging babi yang dikisar
- 2 sudu besar minyak sayuran
- 2 ulas bawang putih, kupas dan hancurkan sedikit
- Garam kosher
- 2 hingga 3 kepala bok choy, potong bersilang mengikut saiz gigitan
- 1 lobak merah, kupas dan julienned
- Nasi masak, untuk dihidangkan

ARAHAN:

a) Dalam mangkuk adunan, kacau bersama soya ringan, wain beras, lima serbuk rempah, tepung jagung dan gula perang. Masukkan daging babi dan kacau perlahan-lahan untuk menggabungkan. Ketepikan untuk perap selama 10 minit.

b) Panaskan kuali di atas api sederhana tinggi sehingga setitik udara mendesis dan sejat apabila terkena. Tuangkan minyak dan putar untuk menyalut dasar kuali. Perasakan minyak dengan menambah bawang putih dan sedikit garam. Biarkan bawang putih mendesis dalam minyak selama kira-kira 10 saat, berputar perlahan-lahan.

c) Masukkan daging babi ke dalam kuali dan biarkan ia membakar dinding kuali selama 1 hingga 2 minit, atau sehingga kerak emas terbentuk. Balik-balikkan dan bakar di bahagian lain selama satu minit lagi. Tos dan balikkan untuk menggoreng daging babi selama 1 hingga 2 minit lagi, pecahkan menjadi hancur dan berketul sehingga tidak lagi merah jambu.

d) Masukkan bok choy dan lobak merah dan toskan dan balikkan untuk sebati dengan daging babi. Teruskan menggoreng selama 2 hingga 3 minit, sehingga lobak merah dan bok choy lembut. Pindahkan ke dalam pinggan dan hidangkan panas bersama nasi kukus.

22.Tumis Babi Hoisin

BAHAN-BAHAN:
- 2 sudu teh wain beras Shaoxing
- 2 sudu kecil kicap ringan
- ½ sudu teh pes cili
- ¾ paun pinggang babi tanpa tulang, dihiris nipis menjadi jalur julienne
- 2 sudu besar minyak sayuran
- 4 hirisan halia segar yang dikupas, setiap satu kira-kira saiz suku
- Garam kosher
- 4 auns kacang salji, dihiris nipis pada pepenjuru
- 2 sudu besar sos hoisin
- 1 sudu besar udara

ARAHAN:

a) Dalam mangkuk, kacau bersama wain beras, soya ringan dan pes cili. Masukkan daging babi dan toskan hingga rata. Ketepikan untuk perap selama 10 minit.

b) Panaskan kuali di atas api sederhana tinggi sehingga setitik udara mendesis dan sejat apabila terkena. Tuangkan minyak dan putar untuk menyalut dasar kuali. Perasakan minyak dengan memasukkan halia dan sedikit garam. Biarkan halia mendidih dalam minyak selama kira-kira 30 saat, berputar perlahan-lahan.

c) Masukkan daging babi dan perap dan tumis selama 2 hingga 3 minit, sehingga tidak lagi merah jambu. Masukkan kacang salji dan tumis selama kira-kira 1 minit, sehingga lembut dan lut sinar. Masukkan sos hoisin dan udara untuk melonggarkan sos. Teruskan mekambingung dan membalikkan selama 30 saat, atau sehingga sos dipanaskan dan daging babi dan kacang salji disalut.

d) Pindahkan ke dalam pinggan dan hidangkan panas.

23.Perut Babi Masak Dua Kali

BAHAN-BAHAN:
- 1 paun perut babi tanpa tulang
- ⅓ cawan Sos Kacang Hitam atau sos kacang hitam yang dibeli di kedai
- 1 sudu besar wain beras Shaoxing
- 1 sudu teh kicap gelap
- ½ sudu teh gula
- 2 sudu besar minyak sayuran, dibahagikan
- 4 hirisan halia segar yang dikupas, setiap satu kira-kira saiz suku
- Garam kosher
- 1 daun bawang, dibelah dua memanjang dan potong pepenjuru menjadi kepingan ½ inci
- ½ lada benggala merah, dihiris

ARAHAN:

a) Dalam periuk besar, letakkan daging babi dan tutup dengan udara. Biarkan kuali mendidih dan kemudian kecilkan hingga mendidih. Reneh tanpa bertutup selama 30 minit, atau sehingga daging babi empuk dan masak. Menggunakan sudu berlubang, pindahkan daging babi ke dalam mangkuk (buang cecudara memasak) dan biarkan sejuk. Sejukkan selama beberapa jam atau semalaman. Setelah daging babi sejuk, potong nipis menjadi kepingan setebal ¼ inci dan ketepikan. Membenarkan daging babi sejuk sepenuhnya sebelum dihiris akan memudahkan untuk dihiris nipis.

b) Dalam cawan penyukat kaca, kacau bersama sos kacang hitam, wain beras, soya gelap dan gula dan ketepikan.

c) Panaskan kuali di atas api sederhana tinggi sehingga setitik udara mendesis dan sejat apabila terkena. Tuangkan 1 sudu besar minyak dan putar hingga menyalut dasar kuali. Perasakan minyak dengan memasukkan halia dan sedikit garam. Biarkan halia mendidih dalam minyak selama kira-kira 30 saat, berputar perlahan-lahan.

d) Bekerja dalam kelompok, pindahkan separuh daging babi ke kuali. Biarkan kepingan itu hangus dalam kuali selama 2 hingga 3 minit. Terbalikkan untuk membakar di bahagian lain selama 1 hingga 2 minit lagi, sehingga daging babi mula menggulung. Pindahkan ke mangkuk bersih. Ulangi dengan daging babi yang tinggal.

e) Masukkan baki 1 sudu besar minyak. Masukkan daun bawang dan lada merah dan tumis selama 1 minit, sehingga daun bawang lembut. Putar dalam sos dan tumis hingga naik bau.

f) Kembalikan daging babi ke dalam kuali dan teruskan menggoreng selama 2 hingga 3 minit lagi, sehingga semuanya masak.

g) Buang hirisan halia dan pindahkan ke pinggan hidangan.

24. Babi Mu Shu dengan Lempeng Kuali

BAHAN-BAHAN:

UNTUK PANKEK
- 1¾ cawan tepung serba guna
- ¾ cawan udara mendidih
- Garam kosher
- 3 sudu besar minyak bijan

UNTUK BABI MU SHU
- 2 sudu besar kicap ringan
- 1 sudu teh tepung jagung
- 1 sudu teh wain beras Shaoxing
- Lada putih kisar
- ¾ paun pinggang babi tanpa tulang, dihiris melawan bijirin menjadi jalur selebar ¼ inci
- 3 sudu besar minyak sayuran
- 2 sudu teh halia segar dikupas halus
- Garam kosher
- 1 lobak merah besar, dikupas dan dicincang nipis hingga 3 inci panjang
- 6 hingga 8 cendawan telinga kayu segar, dihiris nipis menjadi jalur julienne
- ½ kobis hijau kepala kecil, dicincang
- 2 daun bawang, potong ½ inci panjang
- 1 (4-auns) boleh dihiris rebung, ditoskan dan dipotong menjadi jalur nipis
- ¼ cawan Sos Plum, untuk hidangan

ARAHAN:
UNTUK MEMBUAT PANKEK
a) Dalam mangkuk adunan besar, menggunakan sudu kayu, kacau bersama tepung, udara mendidih, dan secubit garam. Satukan kesemuanya sehingga menjadi doh berbulu. Pindahkan doh ke papan pemotong tepung dan uli dengan tangan selama kira-kira 4 minit, atau sehingga licin.
b) Doh akan menjadi panas, jadi pakai sarung tangan pakai buang untuk melindungi tangan anda. Kembalikan doh ke dalam mangkuk dan tutup dengan bungkus plastik. Biarkan berehat selama 30 minit.
c) Bentukkan doh menjadi log sepanjang 12 inci dengan melancarkannya menggunakan tangan anda.
d) Potong log kepada 12 kepingan genap, mengekalkan bentuk bulat untuk mencipta medallion. Ratakan medallion dengan tapak tangan anda dan sapu bahagian atasnya dengan minyak bijan. Tekan bahagian yang telah diminyaki bersama-sama, untuk membuat 6 susunan kepingan doh berganda.
e) Gulungkan setiap tindanan menjadi satu helaian nipis, bulat, diameter 7 hingga 8 inci. Adalah lebih baik untuk terus membalikkan penkek semasa anda menggulung, untuk mencapai kenipisan yang sekata untuk kedua-dua belah.
f) Panaskan kuali besi tuang di atas api sederhana tinggi dan masak penkek satu demi satu selama kira-kira 1 minit pada bahagian pertama, sehingga ia bertukar sedikit lut sinar dan mula melepuh. Terbalikkan untuk memasak bahagian lain, 30 saat lagi.
g) Pindahkan lempeng ke dalam pinggan yang dialas dengan tuala dapur dan tarik kedua-dua lempeng dengan berhati-hati. Pastikan ia ditutup di bawah tuala untuk kekal hangat semasa anda meneruskan penkek yang tinggal. Ketepikan sehingga sedia untuk dihidangkan.

UNTUK MEMBUAT BABI MU SHU
h) Dalam mangkuk adunan, campurkan soya ringan, tepung jagung, wain beras, dan secubit lada putih. Masukkan daging babi yang dihiris dan toskan hingga bersalut dan perap selama 10 minit.

i) Panaskan kuali di atas api sederhana tinggi sehingga setitik udara mendesis dan sejat apabila terkena. Tuangkan minyak sayuran dan pusingkan untuk menyalut pangkal kuali. Perasakan minyak dengan memasukkan halia dan sedikit garam. Biarkan halia mendidih dalam minyak selama kira-kira 10 saat, berputar perlahan-lahan.

j) Masukkan daging babi dan tumis 1 hingga 2 minit, sehingga tidak lagi merah jambu. Masukkan lobak merah dan cendawan dan teruskan tumis selama 2 minit lagi, atau sehingga lobak merah empuk.

k) Masukkan kobis, daun bawang, dan rebung dan tumis selama satu minit lagi, atau sehingga panas.

l) Pindahkan ke dalam mangkuk dan hidangkan dengan menyenduk isi daging babi di tengah lempeng dan topping dengan sos plum.

25. Spareribs Babi dengan Sos Kacang Hitam

BAHAN-BAHAN:
- Sparerib babi 1 paun, potong bersilang menjadi jalur lebar 1½ inci
- ¼ sudu teh lada putih kisar
- 2 sudu besar Sos Kacang Hitam atau sos kacang hitam yang dibeli di kedai
- 1 sudu besar wain beras Shaoxing
- 1 sudu besar minyak sayuran
- 2 sudu teh tepung jagung
- Sekeping halia segar ½ inci, dikupas dan dikisar halus
- 2 ulas bawang putih, dikisar halus
- 1 sudu teh minyak bijan
- 2 biji daun bawang, hiris nipis

ARAHAN:
a) Hiris antara rusuk untuk memisahkannya menjadi riblet saiz gigitan. Dalam mangkuk cetek dan tahan panas, satukan rusuk dan lada putih. Masukkan sos kacang hitam, wain beras, minyak sayuran, tepung jagung, halia, dan bawang putih dan gaul hingga sebati, pastikan riblet semuanya bersalut. Perap selama 10 minit.

b) Bilas bakul pengukus buluh dan penutupnya di bawah udara sejuk dan letakkan di dalam kuali. Tuangkan dalam 2 inci udara, atau sehingga ia berada di atas tepi bawah pengukus kira-kira ¼ hingga ½ inci, tetapi tidak terlalu banyak sehingga menyentuh bahagian bawah bakul. Letakkan mangkuk dengan tulang rusuk di dalam bakul pengukus dan tutup.

c) Hidupkan api ke atas untuk mendidihkan udara, kemudian kecilkan api ke sederhana tinggi. Kukus dengan api sederhana tinggi selama 20 hingga 22 minit, atau sehingga riblet tidak lagi merah jambu. Anda mungkin perlu mengisi semula udara, jadi teruskan periksa untuk memastikan ia tidak mendidih di dalam kuali.

d) Keluarkan mangkuk dengan berhati-hati dari bakul pengukus. Lumurkan tulang rusuk dengan minyak bijan dan hiaskan dengan daun bawang. Hidangkan segera.

26. Kambing Mongolia Goreng

BAHAN-BAHAN:
- 2 sudu besar wain beras Shaoxing
- 1 sudu besar kicap gelap
- 3 ulas bawang putih, dikisar
- 2 sudu teh tepung jagung
- 1 sudu teh minyak bijan
- 1 paun kaki kambing tanpa tulang, dipotong menjadi kepingan setebal ¼ inci
- 3 sudu besar minyak sayuran, dibahagikan
- 4 hirisan halia segar yang dikupas, setiap satu kira-kira saiz suku
- 2 biji cili merah kering (pilihan)
- Garam kosher
- 4 biji daun bawang, potong 3 inci panjang, kemudian hiris nipis memanjang

ARAHAN:

a) Dalam mangkuk besar, kacau bersama wain beras, soya gelap, bawang putih, tepung jagung, dan minyak bijan. Masukkan kambing ke dalam bahan perapan dan toskan hingga bersalut. Perap selama 10 minit.

b) Panaskan kuali di atas api sederhana tinggi sehingga setitik udara mendesis dan sejat apabila terkena. Tuangkan 2 sudu besar minyak sayuran dan pusingkan untuk menyalut bahagian bawah kuali. Perasakan minyak dengan memasukkan halia, cili (jika guna), dan secubit garam. Biarkan aromatik mendesis dalam minyak selama kira-kira 30 saat, berputar perlahan-lahan.

c) Menggunakan penyepit, angkat separuh kambing dari bahan perapan, goncang sedikit untuk membiarkan lebihan menitis. Simpan perapan. Goreng dalam kuali selama 2 hingga 3 minit. Terbalikkan untuk membakar di bahagian lain selama 1 hingga 2 minit lagi. Tumis dengan tos dan balik-balikkan dalam kuali dengan cepat selama 1 minit lagi. Pindahkan ke mangkuk bersih. Masukkan baki 1 sudu besar minyak sayuran dan ulangi dengan baki kambing.

d) Kembalikan semua kambing dan bahan perapan yang telah dikhaskan ke dalam kuali dan masukkan daun bawang. Tumis selama 1 minit lagi, atau sehingga kambing masak dan perapan bertukar menjadi sos berkilat.

e) Pindahkan ke pinggan hidangan, buang halia, dan hidangkan panas.

27. Kambing dengan Halia dan Daun Bawang

BAHAN-BAHAN:
- ¾ paun kaki kambing tanpa tulang, dipotong menjadi 3 ketul, kemudian dihiris nipis merentasi bijirin
- Garam kosher
- 2 sudu besar wain beras Shaoxing
- 1 sudu besar kicap gelap
- 1 sudu besar kicap ringan
- 1 sudu kecil sos tiram
- 1 sudu teh madu
- 1 hingga 2 sudu teh minyak bijan
- ½ sudu teh jagung lada Sichuan yang dikisar
- 2 sudu teh tepung jagung
- 2 sudu besar minyak sayuran
- 1 sudu besar halia segar dikupas dan dikisar halus
- 2 biji daun bawang, dipotong dan dihiris nipis
- 4 ulas bawang putih, dikisar halus

ARAHAN:

a) Dalam mangkuk adunan, perasakan sedikit kambing dengan 1 hingga 2 secubit garam. Toskan hingga menyalut dan ketepikan selama 10 minit. Dalam mangkuk kecil, kacau bersama wain beras, soya gelap, soya ringan, sos tiram, madu, minyak bijan, lada Sichuan dan tepung jagung. Mengetepikan.

b) Panaskan kuali di atas api sederhana tinggi sehingga setitik udara mendesis dan sejat apabila terkena. Tuangkan minyak sayuran dan pusingkan untuk menyalut pangkal kuali. Perasakan minyak dengan memasukkan halia dan sedikit garam. Biarkan halia mendidih dalam minyak selama kira-kira 10 saat, berputar perlahan-lahan.

c) Masukkan kambing dan goreng selama 1 hingga 2 minit, kemudian mulakan tumis, toskan dan terbalikkan selama 2 minit lagi, atau sehingga tidak lagi merah jambu. Pindahkan ke mangkuk bersih dan ketepikan.

d) Masukkan daun bawang dan bawang putih dan tumis selama 1 hingga 2 minit, atau sehingga daun bawang berwarna hijau terang dan lembut. Pindahkan ke mangkuk kambing.

e) Tuangkan campuran sos dan reneh selama 3 hingga 4 minit, sehingga sos berkurangan separuh dan bertukar berkilat. Kembalikan kambing dan sayur-sayuran ke dalam kuali dan toskan hingga sebati dengan sos.

f) Pindahkan ke dalam pinggan dan hidangkan panas.

28.daging lembu basil Thai

BAHAN-BAHAN:
- 2 sudu besar minyak
- 12 oz. daging lembu, dihiris nipis terhadap bijirin dan dicampur dengan 1 sudu teh minyak dan 2 sudu teh tepung jagung
- 5 ulas bawang putih, cincang
- ½ daripada lada benggala merah, dihiris nipis
- 1 biji bawang kecil, hiris nipis
- 2 sudu kecil kicap
- 1 sudu teh kicap gelap
- 1 sudu kecil sos tiram
- 1 sudu besar sos ikan
- ½ sudu teh gula
- 1 cawan daun selasih Thai, dibungkus
- Cilantro, untuk hiasan

ARAHAN:
a) Panaskan kuali anda dengan api yang tinggi, dan masukkan minyak. Goreng daging lembu sehingga keperangan. Keluarkan dari kuali dan ketepikan.
b) Masukkan bawang putih dan lada merah ke dalam kuali dan tumis selama kira-kira 20 saat.
c) Masukkan bawang besar dan tumis hingga keperangan dan agak karamel.
d) Masukkan semula daging lembu, bersama-sama dengan kicap, kicap gelap, sos tiram, sos ikan dan gula.
e) Tumis selama beberapa saat lagi, dan kemudian masukkan kemangi Thai sehingga ia layu.
f) Hidangkan dengan nasi melati, dan hiaskan dengan ketumbar.

29. Babi BBQ Cina

BAHAN-BAHAN:
- 3 paun (1.4 kg) bahu babi/ punggung babi (pilih potongan dengan sedikit lemak baik di atasnya)
- ¼ cawan (50g) gula
- 2 sudu teh garam
- ½ sudu teh lima serbuk rempah
- ¼ sudu teh lada putih
- ½ sudu teh minyak bijan
- 1 sudu besar wain Shaoxing atau
- Wain plum Cina
- 1 sudu besar kicap
- 1 sudu besar sos hoisin
- 2 sudu teh molase
- 3 ulas bawang putih dikisar halus
- 2 sudu makan maltosa atau madu
- 1 sudu besar udara panas

ARAHAN:

a) Potong daging babi ke dalam jalur panjang atau ketulan kira-kira 3 inci tebal. Jangan potong lebihan lemak, kerana ia akan mengeluarkan dan menambah rasa.

b) Satukan gula, garam, lima serbuk rempah, lada putih, minyak bijan, wain, kicap, sos hoisin, molase, pewarna makanan (jika menggunakan), dan bawang putih dalam mangkuk untuk membuat perapan.

c) Simpan lebih kurang 2 sudu besar perapan dan ketepikan. Gosok daging babi dengan baki perapan dalam mangkuk besar atau hidangan pembakar. Tutup dan sejukkan semalaman, atau sekurang-kurangnya 8 jam. Tutup dan simpan perapan yang telah dikhaskan di dalam peti sejuk juga.

d) Panaskan ketuhar anda pada tetapan tertinggi (475-550 darjah F atau 250-290 darjah C) dengan rak diletakkan di bahagian atas sepertiga ketuhar. Lapik kuali lembaran dengan kerajang dan letakkan rak logam di atasnya. Letakkan daging babi di atas rak, tinggalkan ruang sebanyak mungkin di antara kepingan. Tuangkan

1 ½ cawan udara ke dalam kuali di bawah rak. Ini menghalang sebarang titisan daripada terbakar atau berasap.

e) Pindahkan daging babi ke ketuhar anda yang telah dipanaskan dan panggang selama 25 minit. Selepas 25 minit, terbalikkan daging babi. Jika bahagian bawah kuali kering, tambah secawan udara lagi. Pusingkan kuali 180 darjah untuk memastikan pemanggangan sekata. Bakar lagi 15 minit.

f) Sementara itu, satukan perapan yang telah dikhaskan dengan maltosa atau hone y dan 1 sudu besar udara panas. Ini akan menjadi sos yang akan anda gunakan untuk meleleh daging babi.

g) Selepas 40 minit masa memanggang, lumurkan daging babi, balikkan dan lumurkan bahagian yang lain juga. Bakar selama 10 minit terakhir.

h) Selepas 50 minit jumlah masa memanggang, daging babi hendaklah dimasak dan dikaramelkan di atasnya. Jika ia tidak dikaramelkan mengikut citarasa anda, anda boleh menghidupkan ayam pedaging selama beberapa minit untuk garing bahagian luar dan menambah sedikit warna/perasa.

i) Keluarkan dari ketuhar dan lumurkan dengan sedikit sos BBQ yang telah dikhaskan. Biarkan daging berehat selama 10 minit sebelum dihiris, dan nikmati!

30.Roti babi BBQ kukus

BAHAN-BAHAN:
UNTUK doh BUN KUKUS:
- 1 sudu teh yis kering aktif
- ¾ cawan udara suam
- 2 cawan tepung serba guna
- 1 cawan tepung jagung
- 5 sudu besar gula
- ¼ cawan canola atau minyak sayuran
- 2½ sudu teh serbuk penaik

UNTUK PENGISIAN:
- 1 sudu besar minyak
- ⅓ cawan bawang merah atau bawang merah yang dicincang halus
- 1 sudu besar gula
- 1 sudu besar kicap ringan
- 1½ sudu besar sos tiram
- 2 sudu teh minyak bijan
- 2 sudu teh kicap gelap
- ½ cawan stok ayam
- 2 sudu besar tepung serba guna
- 1½ cawan daging babi panggang Cina yang dipotong dadu

ARAHAN:
a) Dalam mangkuk pengadun elektrik yang dipasang dengan pengait cangkuk doh (anda juga boleh menggunakan mangkuk adunan biasa dan uli dengan tangan), larutkan 1 sudu teh yis kering aktif dalam 3/4 cawan udara suam. Ayak bersama tepung dan tepung jagung, dan masukkan ke dalam adunan yis bersama gula dan minyak.

b) Hidupkan pengadun ke tetapan paling rendah dan biarkan sehingga bebola doh yang licin terbentuk. Tutup dengan kain lembap dan biarkan selama 2 jam. (Anda akan menambah serbuk penaik kemudian!)

c) Semasa doh berehat, buat isi daging. Panaskan 1 sudu besar minyak dalam kuali dengan api sederhana tinggi. Masukkan bawang merah/bawang besar dan tumis selama 1 minit. Kecilkan api ke sederhana rendah, dan masukkan gula, kicap ringan, sos tiram, minyak bijan dan kicap gelap. Kacau dan masak sehingga adunan mula menggelegak. Masukkan stok ayam dan tepung, masak selama 3 minit sehingga pekat. Keluarkan dari api dan kacau dalam daging babi panggang. Ketepikan untuk sejuk. Jika anda membuat inti lebih awal, tutup dan sejukkan untuk mengelakkan ia kering.

d) Selepas doh anda berehat selama 2 jam, masukkan serbuk penaik ke dalam doh dan hidupkan pengadun pada tetapan paling rendah. Pada ketika ini, jika doh kelihatan kering atau anda menghadapi masalah memasukkan serbuk penaik, tambah 1-2 sudu teh udara. Uli perlahan-lahan doh sehingga menjadi licin semula. Tutup dengan kain lembap dan biarkan selama 15 minit lagi. Sementara itu, dapatkan sekeping kertas kertas yang besar dan potong kepada sepuluh petak 4x4 inci. Sediakan pengukus anda dengan membawa udara sehingga mendidih.

e) Sekarang kami sudah bersedia untuk memasang roti: gulung doh ke dalam tiub panjang dan bahagikannya kepada 10 bahagian yang sama. Tekan setiap kepingan doh ke dalam cakera dengan diameter kira-kira 4½ inci (ia harus lebih tebal di tengah dan lebih nipis di sekeliling tepi). Masukkan sedikit inti dan lipit roti sehingga ia ditutup di atas.

f) Letakkan setiap roti di atas petak kertas parchment, dan kukus. Saya kukus roti dalam dua kelompok berasingan menggunakan buluh kukus.

g) Setelah udara mendidih, masukkan roti ke dalam pengukus dan kukus setiap batch selama 12 minit dengan api yang tinggi.

31. perut babi panggang Kantonis

BAHAN-BAHAN:
- 3 lb. kepingan perut babi, di atas kulit
- 2 sudu teh wain Shaoxing
- 2 sudu teh garam
- 1 sudu teh gula
- ½ sudu teh lima serbuk rempah
- ¼ sudu teh lada putih
- 1½ sudu teh cuka wain beras
- ½ cawan garam laut kasar

ARAHAN:
a) Bilas perut babi dan keringkan. Letakkan bahagian bawah kulit di atas dulang, dan gosokkan wain shaoxing ke dalam daging (bukan kulitnya). Campurkan garam, gula,
b) lima serbuk rempah dan lada putih. Gosokkan campuran rempah ini dengan teliti ke dalam daging juga. Terbalikkan daging supaya ia menghadap kulit.
c) Jadi, untuk melakukan langkah seterusnya, sebenarnya terdapat alat khas yang digunakan oleh restoran, tetapi kami hanya menggunakan lidi logam tajam. Mencucuk lubang secara sistematik di seluruh kulit, yang akan membantu kulit menjadi segar, bukannya kekal licin dan berkulit. Lebih banyak lubang yang ada, lebih baik. Juga pastikan ia cukup dalam. Berhenti tepat di atas lapisan lemak di bawah.
d) Biarkan perut babi kering di dalam peti sejuk tanpa penutup, selama 12-24 jam.
e) Panaskan ketuhar hingga 375 darjah F. Letakkan sekeping besar aluminium foil (kertas tugas berat berfungsi paling baik) ke atas dulang pembakar, dan lipat bahagian tepi daging babi dengan kemas, supaya anda mencipta sejenis kotak di sekelilingnya , dengan sempadan setinggi 1 inci mengelilingi bahagian tepi.
f) Sapu cuka wain beras di atas kulit babi. Bungkus garam laut dalam satu lapisan sekata di atas kulit, supaya daging babi ditutup sepenuhnya. Masukkan ke dalam ketuhar dan panggang selama 1 jam 30 minit. Jika perut babi anda masih mempunyai tulang rusuk, panggang selama 1 jam dan 45 minit.

g) Keluarkan daging babi dari ketuhar, hidupkan ayam pedaging ke tahap rendah, dan letakkan rak ketuhar pada kedudukan paling rendah. Keluarkan lapisan atas garam laut dari perut babi, buka kerajang, dan letakkan rak panggang di atas kuali.
h) Letakkan perut babi di atas rak dan letakkan semula di bawah ayam daging untuk garing. Ini perlu mengambil masa 10-15 minit. Ayam pedaging sepatutnya berada dalam keadaan "rendah" supaya proses ini boleh berlaku secara beransur-ansur. Jika ayam daging anda menjadi agak panas, perhatikan ia dengan teliti dan pastikan anda menjauhkan daging babi sejauh mungkin dari sumber haba.
i) Bila kulit dah kembang dan garing, keluarkan dari oven. Biarkan ia berehat lebih kurang 15 minit. Hiris dan hidangkan!

DAGING PUTIH

32.Sup Ayam Bawang Putih Berkrim

BAHAN-BAHAN:
- 4 sudu besar mentega
- 8 auns krim keju, dipotong dadu
- 2 tin (14.5 auns setiap satu) sup ayam
- Garam dan lada sulah secukup rasa
- 4 cawan ayam masak, cincang
- 4 sudu besar perasa bawang putih atau 1 sudu teh serbuk bawang putih
- ½ cawan krim berat

ARAHAN:
a) Letakkan periuk sup di atas api sederhana dan cudarakan sedikit mentega di dalamnya.
b) Setelah mentega cudara, masukkan ayam dan masak selama beberapa minit.
c) Masukkan krim keju dan perasa. Gaul sebati.
d) Tuangkan sup dan krim dan kacau.
e) Setelah mendidih, kecilkan api dan masak selama kira-kira 5 hingga 6 minit. Sendukkan ke dalam mangkuk sup dan hidangkan.

33. Kepak ayam

BAHAN-BAHAN:
- 2 paun kepak ayam
- ¼ cawan keju parmesan yang baru diparut
- ¼ sudu teh lada
- ½ sudu teh garam
- ½ sudu besar pasli segar cincang ½ sudu teh pasli kering
- 2 -3 sudu besar mentega yang diberi makan rumput

ARAHAN:

a) Sediakan loyang dengan melapik dengan kertas parchment. Panaskan ketuhar hingga 350° F.

b) Masukkan mentega ke dalam mangkuk cetek yang selamat untuk microwave. Masak dengan api atas selama 15 - 20 saat atau sehingga mentega cudara.

c) Letakkan garam, lada sulah, pasli, dan keju parmesan dalam mangkuk dan kacau rata.

d) Celupkan sayap ayam dalam mentega, satu demi satu. Korek sayap dalam campuran keju parmesan dan letakkan di atas loyang.

e) Bakar sayap lebih kurang 40 - 60 minit atau sehingga masak. Sejukkan selama 5 minit dan hidangkan.

34. Dada Ayam Goreng Mudah

BAHAN-BAHAN:
- 8 bahagian dada ayam
- ½ sudu teh lada atau secukup rasa
- 4 sudu kecil keju parmesan parut (pilihan)
- ½ sudu teh garam halal atau secukup rasa
- ½ sudu besar minyak zaitun

ARAHAN:

a) Untuk menyediakan ayam: Letakkan kepingan plastik di atas meja anda dan masukkan ayam. Tutup dengan satu lagi helaian bungkus plastik dan tumbuk dengan palu daging sehingga ayam menjadi rata.

b) Perasakan ayam dengan garam dan lada sulah. Biarkan ia berehat selama 15-20 minit.

c) Letakkan kuali besi tuang di atas api yang tinggi—masukkan ayam ke dalam kuali. Biarkan ia masak tanpa terganggu selama 2-3 minit tanpa ditutup sehingga perang keemasan dan lemak dilepaskan. Balikkan sisi dan masak selama 2-3 minit lagi. Keluarkan kuali dari api.

d) Taburkan keju parmesan di atas jika digunakan. Tetapkan ketuhar untuk memanggang dan panaskan.

e) Letakkan kuali di dalam ketuhar dan panggang sehingga keju cudara. Hidangkan panas.

35.Peha Ayam Rangup

BAHAN-BAHAN:
- 6 paha ayam, dengan kulit
- 1 sudu besar garam
- 2 sudu besar minyak alpukat atau minyak zaitun
- Lada yang baru dikisar secukup rasa
- Garam kosher secukup rasa
- Serbuk bawang putih secukup rasa
- Paprika secukup rasa

ARAHAN:
a) Sediakan loyang dengan melapik dengan kertas parchment. Pastikan ketuhar anda dipanaskan hingga 450° F.
b) Perasakan paha ayam dengan garam, lada sulah, dan rempah pilihan. Letakkannya di atas loyang, dalam satu lapisan, tanpa bertindih.
c) Tuangkan minyak ke atas ayam.
d) Panggang ayam selama lebih kurang 40 minit atau sehingga kulitnya garing.

36. Nugget Ayam Pemakan Daging

BAHAN-BAHAN:

AYAM
- 1 ½ paun ayam kisar
- ¼ sudu teh garam merah jambu atau lebih secukup rasa
- 1 biji telur kecil
- ¼ sudu teh oregano kering
- 1 sudu kecil paprika
- ¼ sudu teh lada
- ¼ sudu teh serbuk bawang putih
- ¼ sudu teh serpihan lada merah

MEMORI
- ½ cawan keju parmesan parut
- ½ cawan kulit babi yang dikisar

ARAHAN:
a) Sediakan loyang dengan melapik dengan sehelai kertas parchment.
b) Pastikan ketuhar anda dipanaskan hingga 400° F.
c) Masukkan keju dan kulit babi dalam mangkuk dan gaul rata.
d) Pukul telur dalam mangkuk dan campurkan ayam, garam dan semua rempah di dalamnya.
e) Bahagikan adunan kepada 30 bahagian yang sama dan bentuk seperti nugget.
f) Salutkan nuget ke dalam adunan kulit dan letakkan di atas loyang.
g) Bakar nugget dalam ketuhar selama kira-kira 20 hingga 25 minit atau sehingga ia menjadi garing dan perang keemasan.

37.Bebola Daging Berasap Bacon

BAHAN-BAHAN:
- 1 dada ayam atau ½ paun ayam kisar
- 1 biji telur kecil
- ½ sudu besar serbuk bawang
- 2 sudu besar minyak zaitun atau minyak alpukat
- 4 keping bacon, masak, hancur
- 1 ulas bawang putih, dikupas
- 1 titis asap cecudara
- Garam secukup rasa

ARAHAN:
a) Masukkan ayam, telur, serbuk bawang, bacon dan bawang putih dalam mangkuk pemproses makanan dan proses dengan baik.
b) Bahagikan adunan kepada bahagian kecil dan buat bebola daging daripadanya. Letakkannya di atas pinggan.
c) Letakkan kuali di atas api sederhana. Masukkan minyak dan biarkan panas. Masukkan sedikit bebola daging dan masak hingga keperangan, sekali-sekala terbalikkan bebola daging.
d) Keluarkan dan letakkan di atas tuala kertas.
e) Masak bebola daging yang tinggal dalam kelompok. Taburkan garam di atas dan hidangkan panas.

38. Tumis Bacon Ayam

BAHAN-BAHAN:
- 2 dada ayam, potong dadu
- 2 sudu besar serbuk bawang putih
- Garam secukup rasa
- 2 keping bacon, dipotong dadu
- 1 sudu besar perasa Itali
- ½ sudu besar minyak alpukat

ARAHAN:
a) Letakkan kuali besar di atas api sederhana. Masukkan bacon dan ayam dan masak dengan teliti.
b) Masukkan serbuk bawang putih, garam, dan perasa Itali dan hidangkan.

39. Bebola Daging Lada

BAHAN-BAHAN:
- 2 paun ayam kisar
- 1 sudu teh garam atau secukup rasa
- 2 biji telur, dipukul
- 1 sudu kecil lada atau secukup rasa
- ½ paun hirisan ladaoni, dicincang
- Sos pedas secukup rasa (pilihan)

ARAHAN:
a) Satukan ayam, garam, telur, lada sulah, dan ladaoni dalam mangkuk.
b) Sediakan lembaran pembakar dengan melapiknya dengan kertas kertas dan panaskan ketuhar anda hingga 350° F.
c) Buat 16 bebola daripada adunan dan letakkan di atas loyang.
d) Bakar bebola daging lebih kurang 20-30 minit atau sehingga perang dan masak. Tolak bebola dua kali semasa membakar, supaya mereka masak dengan baik. Atau anda juga boleh memasak bebola dalam kuali.

40. Peha Ayam Berkulit Parmesan

BAHAN-BAHAN:
- 4 paha ayam
- ½ cawan keju parmesan yang baru diparut
- ¼ sudu teh thyme kering
- ¼ sudu teh garam atau secukup rasa
- ½ sudu teh serbuk bawang putih
- 2 sudu besar mentega, cudara
- ½ sudu besar pasli cincang
- ½ sudu teh paprika
- ¼ sudu teh lada

ARAHAN:
a) Sediakan hidangan pembakar dengan mengoleskannya dengan mentega—panaskan ketuhar hingga 400° F.
b) Tuangkan mentega cudara dalam mangkuk cetek.
c) Letakkan garam, rempah ratus, herba dan keju parmesan dalam mangkuk. Gaul sebati.
d) Pertama, celupkan paha ayam ke dalam mangkuk mentega. Angkat peha ayam dan biarkan lebihan mentega menitis. Seterusnya, korek dalam adunan parmesan dan masukkan ke dalam loyang.
e) Ulang langkah sebelumnya dan salutkan baki peha ayam.
f) Bakar lebih kurang 35 - 50 minit, bergantung pada saiz peha. Hidangkan panas.

41. Ayam Mentega Bawang Putih

BAHAN-BAHAN:
- 4 dada ayam sederhana, potong 2 bahagian secara melintang
- 2 sudu teh perasa Itali
- Serpihan lada cili ditumbuk secukup rasa
- 8 ulas bawang putih, dikupas, dikisar
- 2 sudu besar minyak zaitun
- Garam secukup rasa
- 4 sudu besar mentega
- Lada secukup rasa
- ¼ cawan daun ketumbar atau pasli cincang

ARAHAN:
a) Satukan perasa Itali, lada merah yang dihancurkan, garam dan lada dalam mangkuk.
b) Taburkan adunan ini ke seluruh kepingan ayam.
c) Letakkan kuali besar di atas api sederhana tinggi. Masukkan minyak dan tunggu beberapa minit untuk minyak panas.
d) Letakkan kepingan ayam dalam kuali dan masak selama 3 - 4 minit, bahagian bawah harus berwarna perang keemasan. Balikkan kepingan ayam dan masak selama 3 - 4 minit.
e) Keluarkan ayam dari kuali dan letak di atas pinggan.
f) Kecilkan api kepada api sederhana-rendah. Masukkan mentega, bawang putih, pasli, dan lebih banyak kepingan lada merah yang dihancurkan dan gaul rata.
g) Masukkan ayam selepas kira-kira 20 – 30 saat. Sudukan sos mentega ke atas ayam dan masak selama beberapa minit, sehingga bawang putih bertukar menjadi perang keemasan. Hidangkan panas.

42. Gigitan Ayam Bungkus Bacon Bawang Putih

BAHAN-BAHAN:
- ½ dada ayam besar, potong seukuran gigitan
- 1 ½ sudu besar serbuk bawang putih
- 4 – 5 keping bacon, potong tiga

ARAHAN:
a) Sediakan loyang dengan melapik dengan foil.
b) Pastikan ketuhar anda dipanaskan hingga 400° F.
c) Sapukan serbuk bawang putih di atas pinggan.
d) Korek kepingan ayam dalam serbuk bawang putih, satu demi satu, dan bungkusnya dalam kepingan bacon.
e) Letakkannya di atas loyang. Tinggalkan jurang antara gigitan.
f) Letakkan loyang di dalam ketuhar dan kek sehingga bacon garing, kira-kira 25 - 30 minit. Balikkan gigitan separuh jalan semasa membakar.

43.Lidi ayam(Kebab)

BAHAN-BAHAN:
- ½ sudu besar bawang putih kisar
- ¼ sudu teh lada yang baru dikisar
- ½ sudu besar minyak zaitun extra-virgin
- ¾ paun dada ayam tanpa tulang tanpa kulit, potong 1 inci
- Jus ½ kapur
- ¼ sudu teh garam Himalaya halus
- 1 sudu teh oregano segar yang dicincang atau ½ sudu teh oregano kering

ARAHAN:

a) Untuk membuat perapan: Masukkan bawang putih, oregano, garam, lada sulah, jus limau nipis, dan minyak ke dalam mangkuk dan gaul rata.

b) Ambil bekas kaca dengan penutup dan letakkan ayam di dalamnya. Lumurkan bahan perapan ke atas ayam dan gaul rata.

c) Tutup penutup mangkuk dan sejukkan selama 2 - 8 jam.

d) Sekarang keluarkan mangkuk dari peti sejuk dan pasangkan ayam pada lidi. Jangan tinggalkan jurang yang lebar antara kepingan ayam. Terus rapat bersama.

e) Sediakan gril anda dan panaskan pada api sederhana, kira-kira 330° F. Tetapkan untuk memasak terus.

f) Gris gril gril jika mahu. Letakkan lidi di atas panggangan dan panggang sehingga masak.

g) Hidangkan segera.

44. Wafel Pemakan Daging

BAHAN-BAHAN:
- 4 auns ayam kisar atau ayam belanda yang dikisar
- 5 biji telur
- 2 sudu besar keju parmesan kering
- 4 auns daging lembu

ARAHAN:
a) Letakkan daging lembu dan ayam dalam periuk dan tambah kira-kira 1 - 1-½ cawan udara.
b) Letakkan periuk di atas api sederhana tinggi dan biarkan mendidih. Kecilkan api sedikit dan masak selama 5-7 minit. Pindahkan daging ke dalam colander. Biarkan ia sejuk selama 10 minit.
c) Pindahkan daging yang sedikit sejuk ke dalam mangkuk pemproses makanan. Juga, tambah telur dan parmesan. Proses sehingga betul-betul licin.
d) Panaskan seterika wafel. Gris dan sapukan ¼ adunan pada seterika. Masak wafel seperti yang anda lakukan selama 5-7 minit atau sehingga masak.
e) Keluarkan wafel dan letak di atas pinggan. Sejukkan beberapa minit dan hidangkan. Ulang langkah dan buat wafel yang lain.

45. Kentang Goreng Pemakan Daging

BAHAN-BAHAN:
- 8 auns ayam masak
- 2 biji telur
- 0.7 auns kulit babi
- ½ sudu teh garam

ARAHAN:
a) Sediakan loyang dengan melapik dengan kertas parchment. Gunakan loyang besar atau 2 loyang yang lebih kecil.
b) Masukkan daging, telur, garam dan kulit babi ke dalam mangkuk pemproses makanan. Proses sehingga sebati dan agak ketul.
c) Sudukan adunan ke dalam beg plastik. Potong sudut dengan gunting.
d) Picit adunan dan paipkan ke atas loyang yang disediakan, mengikut saiz yang anda suka. Biarkan jurang yang mencukupi antara kentang goreng. Sekarang ratakan setiap kentang goreng sedikit atau mengikut ketebalan yang dikehendaki. Bakar kentang goreng selama lebih kurang 20 minit.
e) Tetapkan ketuhar kepada mod panggang. Bakar selama beberapa minit atau garing di atas.
f) Bahagikan kepada 2 pinggan dan hidangkan.

46. Batang Drum Ayam Bakar dengan Perapan Bawang Putih

BAHAN-BAHAN:
- 4 batang paha ayam
- 5 – 6 ulas bawang putih, dikupas
- ½ sudu besar garam laut
- ¾ cawan minyak zaitun
- Jus ½ limau
- ¼ sudu teh lada

ARAHAN:
a) Campurkan minyak, jus limau, bawang putih, dan perasa bersama dalam pengisar.
b) Sapu ayam dengan campuran ini dan gosok dengan baik.
c) Masukkan ayam dan kacau rata. Sejukkan selama 2 - 8 jam.
d) Bakar ayam di atas panggangan yang telah dipanaskan selama 6 - 8 minit pada setiap sisi.

47. Ayam Kung Pao

BAHAN-BAHAN:
- 3 sudu kecil kicap ringan
- 2½ sudu teh tepung jagung
- 2 sudu teh cuka hitam Cina
- 1 sudu teh wain beras Shaoxing
- 1 sudu teh minyak bijan
- ¾ paun tanpa tulang, tanpa kulit, paha ayam, dipotong menjadi 1 inci
- 2 sudu besar minyak sayuran
- 6 hingga 8 biji cili merah kering
- 3 daun bawang, bahagian putih dan hijau dipisahkan, dihiris nipis
- 2 ulas bawang putih, dikisar
- 1 sudu teh halia segar dikupas
- ¼ cawan kacang tanah panggang kering tanpa garam

ARAHAN:
a) Dalam mangkuk sederhana, kacau bersama soya ringan, tepung jagung, cuka hitam, wain beras, dan minyak bijan sehingga tepung jagung dibubarkan. Masukkan ayam dan kacau perlahan-lahan hingga meresap. Perap selama 10 hingga 15 minit, atau cukup masa untuk menyediakan selebihnya Bahan.

b) Panaskan kuali di atas api sederhana tinggi sehingga setitik udara mendesis dan sejat apabila terkena. Tuangkan minyak sayuran dan pusingkan untuk menyalut pangkal kuali.

c) Masukkan cili dan tumis selama kira-kira 10 saat, atau sehingga ia baru mula hitam dan minyak sedikit wangi.

d) Masukkan ayam, simpan perapan, dan tumis selama 3 hingga 4 minit, sehingga tidak lagi merah jambu.

e) Masukkan putih daun bawang, bawang putih, dan halia dan tumis selama kira-kira 30 saat. Tuangkan bahan perapan dan gaul hingga menyaluti ayam. Masukkan kacang tanah dan masak selama 2 hingga 3 minit lagi, sehingga sos menjadi berkilat.

f) Pindahkan ke pinggan hidangan, hiaskan dengan daun bawang, dan hidangkan panas.

48. Ayam Brokoli

BAHAN-BAHAN:
- 1 sudu besar wain beras Shaoxing
- 2 sudu kecil kicap ringan
- 1 sudu kecil bawang putih dikisar
- 1 sudu teh tepung jagung
- ¼ sudu teh gula
- ¾ paun paha ayam tanpa tulang, tanpa kulit, dipotong menjadi kepingan 2 inci
- 2 sudu besar minyak sayuran
- 4 hirisan halia segar yang dikupas, kira-kira saiz suku
- Garam kosher
- Brokoli 1 paun, dipotong menjadi kuntum saiz gigitan
- 2 sudu besar udara
- Serpihan lada merah (pilihan)
- ¼ cawan Sos Kacang Hitam atau sos kacang hitam yang dibeli di kedai

ARAHAN:

a) Dalam mangkuk kecil, campurkan bersama wain beras, soya ringan, bawang putih, tepung jagung, dan gula. Masukkan ayam dan perap selama 10 minit.

b) Panaskan kuali di atas api sederhana tinggi sehingga setitik udara mendesis dan sejat apabila terkena. Tuangkan minyak sayuran dan pusingkan untuk menyalut pangkal kuali. Masukkan halia dan secubit garam. Biarkan halia mendesis selama kira-kira 30 saat, berputar perlahan-lahan.

c) Pindahkan ayam ke dalam kuali, buang perapan. Tumis ayam selama 4 hingga 5 minit, sehingga tidak lagi merah jambu. Masukkan brokoli, udara, dan secubit kepingan lada merah (jika guna) dan tumis selama 1 minit. Tutup kuali dan kukus brokoli selama 6 hingga 8 minit, sehingga ia garing-lembut.

d) Kacau dalam sos kacang hitam sehingga bersalut dan dipanaskan, kira-kira 2 minit, atau sehingga sos telah pekat sedikit dan menjadi berkilat.

e) Buang halia, pindahkan ke pinggan, dan hidangkan panas.

49. Ayam Zest Tangerine

BAHAN-BAHAN:
- 3 putih telur besar
- 2 sudu besar tepung jagung
- 1½ sudu besar kicap ringan, dibahagikan
- ¼ sudu teh lada putih kisar
- ¾ paun paha ayam tanpa tulang tanpa kulit, potong seukuran gigitan
- 3 cawan minyak sayuran
- 4 hirisan halia segar yang dikupas, setiap satu kira-kira saiz suku
- 1 sudu kecil biji lada Sichuan, retak sedikit
- Garam kosher
- ½ bawang kuning, dihiris nipis menjadi jalur selebar ¼ inci
- Kupas 1 tangerine, dicincang menjadi jalur setebal ⅛ inci
- Jus 2 tangerin (kira-kira ½ cawan)
- 2 sudu teh minyak bijan
- ½ sudu teh cuka beras
- Gula merah muda
- 2 biji daun bawang, dihiris nipis, untuk hiasan
- 1 sudu besar bijan, untuk hiasan

ARAHAN:

a) Dalam mangkuk adunan, menggunakan garpu atau pukul, pukul putih telur sehingga berbuih dan sehingga gumpalan yang lebih ketat berbuih. Masukkan tepung jagung, 2 sudu teh soya ringan, dan lada putih sehingga sebati. Masukkan ayam dan perap selama 10 minit.

b) Tuangkan minyak ke dalam kuali; minyak hendaklah kira-kira 1 hingga 1½ inci dalam. Bawa minyak ke 375°F dengan api sederhana tinggi. Anda boleh tahu minyak berada pada suhu yang betul apabila anda mencelupkan hujung sudu kayu ke dalam minyak. Jika minyak menggelegak dan berdesis di sekelilingnya, minyak sudah siap.

c) Menggunakan sudu berlubang atau skimmer kuali, angkat ayam dari perapan dan goncangkan lebihan. Berhati-hati turunkan ke dalam minyak panas. Goreng ayam secara berkelompok selama 3 hingga 4 minit, atau sehingga ayam berwarna perang keemasan dan garing di permukaan. Pindahkan ke pinggan berlapik tuala kertas.

d) Tuangkan semua kecuali 1 sudu besar minyak dari kuali dan letakkan di atas api yang sederhana tinggi. Putar minyak untuk menyalut dasar kuali. Perasakan minyak dengan menambah halia, lada sulah, dan secubit garam. Biarkan halia dan biji lada mendidih dalam minyak selama kira-kira 30 saat, berputar perlahan-lahan.

e) Masukkan bawang dan tumis, tos dan balikkan dengan spatula kuali selama 2 hingga 3 minit, atau sehingga bawang menjadi lembut dan lut sinar. Masukkan kulit jeruk keprok dan tumis selama satu minit lagi, atau sehingga naik bau.

f) Masukkan jus tangerine, minyak bijan, cuka, dan secubit gula perang. Biarkan sos mendidih dan reneh selama kira-kira 6 minit, sehingga berkurangan separuh. Ia sepatutnya sirap dan sangat tajam. Rasa dan tambah secubit garam, jika perlu.

g) Tutup api dan masukkan ayam yang telah digoreng tadi, toskan hingga salut dengan sos. Pindahkan ayam ke dalam pinggan, buang halia, dan hiaskan dengan hirisan daun bawang dan bijan. Hidangkan panas.

50.Ayam gajus

BAHAN-BAHAN:
- 1 sudu besar kicap ringan
- 2 sudu teh wain beras Shaoxing
- 2 sudu teh tepung jagung
- 1 sudu teh minyak bijan
- ½ sudu teh lada Sichuan yang dikisar
- ¾ paun tanpa tulang, tanpa kulit, paha ayam, dipotong menjadi kiub 1 inci
- 2 sudu besar minyak sayuran
- Sekeping ½ inci dikupas halia segar yang dicincang halus
- Garam kosher
- ½ lada benggala merah, potong ½ inci
- 1 zucchini kecil, potong ½ inci
- 2 ulas bawang putih, dikisar
- ½ cawan gajus panggang kering tanpa garam
- 2 daun bawang, bahagian putih dan hijau dipisahkan, dihiris nipis

ARAHAN:

a) Dalam mangkuk sederhana, kacau bersama soya ringan, wain beras, tepung jagung, minyak bijan dan lada Sichuan. Masukkan ayam dan kacau perlahan-lahan hingga meresap. Biarkan ia perap selama 15 minit, atau cukup masa untuk menyediakan bahan-bahan yang lain.

b) Panaskan kuali di atas api sederhana tinggi sehingga setitik udara mendesis dan sejat apabila terkena. Tuangkan minyak sayuran dan pusingkan untuk menyalut pangkal kuali. Perasakan minyak dengan memasukkan halia dan sedikit garam. Biarkan halia mendidih dalam minyak selama kira-kira 30 saat, berputar perlahan-lahan.

c) Menggunakan penyepit, angkat ayam dari perapan dan pindahkan ke kuali, simpan perapan. Tumis ayam selama 4 hingga 5 minit, sehingga tidak lagi merah jambu. Masukkan lada benggala merah, zucchini, dan bawang putih dan tumis selama 2 hingga 3 minit, atau sehingga sayur-sayuran lembut.

d) Tuangkan bahan perapan dan gaul hingga menyaluti Bahan-bahan lain. Didihkan bahan perapan dan teruskan tumis selama 1 hingga 2 minit, sehingga sos menjadi pekat dan berkilat. Kacau gajus dan masak selama satu minit lagi.

e) Pindahkan ke pinggan hidangan, hiaskan dengan daun bawang, dan hidangkan panas.

51. Ayam dan Sayur dengan Sos Kacang Hitam

BAHAN-BAHAN:
- 1 sudu besar kicap ringan
- 1 sudu teh minyak bijan
- 1 sudu teh tepung jagung
- ¾ paun paha ayam tanpa tulang tanpa kulit, potong seukuran gigitan
- 3 sudu besar minyak sayuran, dibahagikan
- 1 hirisan halia segar yang dikupas, kira-kira saiz suku
- Garam kosher
- 1 biji bawang kuning kecil, potong seukuran gigitan
- ½ lada benggala merah, potong seukuran gigitan
- ½ lada benggala kuning atau hijau, potong seukuran gigitan
- 3 ulas bawang putih, cincang
- ⅓ cawan Sos Kacang Hitam atau sos kacang hitam yang dibeli di kedai

ARAHAN:

a) Dalam mangkuk besar, kacau soya ringan, minyak bijan, dan tepung jagung bersama-sama sehingga tepung jagung larut. Masukkan ayam dan gaul hingga menyalut perapan. Ketepikan ayam untuk diperap selama 10 minit.

b) Panaskan kuali di atas api sederhana tinggi sehingga setitik udara mendesis dan sejat apabila terkena. Tuangkan 2 sudu besar minyak sayuran dan pusingkan untuk menyalut bahagian bawah kuali. Perasakan minyak dengan memasukkan halia dan sedikit garam. Biarkan halia mendidih dalam minyak selama kira-kira 30 saat, berputar perlahan-lahan.

c) Pindahkan ayam ke dalam kuali dan buang perapan. Biarkan kepingan itu hangus dalam kuali selama 2 hingga 3 minit. Terbalikkan untuk membakar di bahagian lain selama 1 hingga 2 minit lagi. Tumis dengan tos dan balik-balikkan dalam kuali dengan cepat selama 1 minit lagi. Pindahkan ke mangkuk bersih.

d) Masukkan baki 1 sudu besar minyak dan masukkan bawang dan lada benggala. Tumis dengan cepat selama 2 hingga 3 minit, tos dan balikkan sayur-sayuran dengan spatula kuali sehingga bawang kelihatan lut sinar tetapi teksturnya masih pejal. Masukkan bawang putih dan tumis selama 30 saat lagi.

e) Kembalikan ayam ke dalam kuali dan masukkan sos kacang hitam. Tos dan balik sehingga ayam dan sayur bersalut.

f) Pindahkan ke pinggan, buang halia, dan hidangkan panas.

52.Ayam Kacang Hijau

BAHAN-BAHAN:
- ¾ paun paha ayam tanpa tulang tanpa kulit, dihiris merentasi bijirin menjadi jalur seukuran gigitan
- 3 sudu besar wain beras Shaoxing, dibahagikan
- 2 sudu teh tepung jagung
- Garam kosher
- Serpihan lada merah
- 3 sudu besar minyak sayuran, dibahagikan
- 4 hirisan halia segar yang dikupas, setiap satu kira-kira saiz suku
- ¾ paun kacang hijau, dipotong dan dibelah dua secara menyerong
- 2 sudu besar kicap ringan
- 1 sudu besar cuka beras perasa
- ¼ cawan badam yang dihiris, dibakar
- 2 sudu teh minyak bijan

ARAHAN:
a) Dalam mangkuk adunan, satukan ayam dengan 1 sudu besar wain beras, tepung jagung, secubit kecil garam dan secubit serpihan lada merah. Kacau hingga rata pada ayam. Perap selama 10 minit.
b) Panaskan kuali di atas api sederhana tinggi sehingga setitik udara mendesis dan sejat apabila terkena. Tuangkan 2 sudu besar minyak sayuran dan pusingkan untuk menyalut bahagian bawah kuali. Perasakan minyak dengan menambah halia dan sedikit garam. Biarkan halia mendidih dalam minyak selama kira-kira 30 saat, berputar perlahan-lahan.
c) Masukkan ayam dan bahan perapan ke dalam kuali dan tumis selama 3 hingga 4 minit, atau sehingga ayam sedikit hangus dan tidak lagi merah jambu. Pindahkan ke mangkuk bersih dan ketepikan.
d) Masukkan baki 1 sudu besar minyak sayuran dan tumis kacang hijau selama 2 hingga 3 minit, atau sehingga bertukar menjadi hijau terang. Kembalikan ayam ke dalam kuali dan gaulkan bersama. Masukkan baki 2 sudu besar wain beras, soya ringan dan cuka. Toskan hingga sebati dan salutkan dan biarkan kacang hijau mereneh selama 3 minit lagi, atau sehingga kacang hijau empuk. Keluarkan halia dan buang.
e) Masukkan badam dan pindahkan ke dalam pinggan. Lumurkan dengan minyak bijan dan hidangkan panas.

53. Ayam dalam Sos Bijan

BAHAN-BAHAN:
- 3 putih telur besar
- 3 sudu besar tepung jagung, dibahagikan
- 1½ sudu besar kicap ringan, dibahagikan
- 1 paun peha ayam tanpa tulang tanpa kulit, potong seukuran gigitan
- 3 cawan minyak sayuran
- 3 hirisan halia segar yang dikupas, setiap satu kira-kira saiz suku
- Garam kosher
- Serpihan lada merah
- 3 ulas bawang putih, cincang kasar
- ¼ cawan udara rebusan ayam rendah natrium
- 2 sudu besar minyak bijan
- 2 biji daun bawang, dihiris nipis, untuk hiasan
- 1 sudu besar bijan, untuk hiasan

ARAHAN:

a) Dalam mangkuk adunan, menggunakan garpu atau pukul, pukul putih telur sehingga berbuih dan gumpalan putih telur yang lebih ketat berbuih. Kacau bersama 2 sudu besar tepung jagung dan 2 sudu teh soya ringan sehingga sebati. Masukkan ayam dan perap selama 10 minit.

b) Tuangkan minyak ke dalam kuali; minyak hendaklah kira-kira 1 hingga 1½ inci dalam. Bawa minyak ke 375°F dengan api sederhana tinggi. Anda boleh tahu minyak berada pada suhu yang betul apabila anda mencelupkan hujung sudu kayu ke dalam minyak. Jika minyak menggelegak dan berdesis di sekelilingnya, minyak sudah siap.

c) Menggunakan sudu berlubang atau skimmer kuali, angkat ayam dari perapan dan goncangkan lebihan. Berhati-hati turunkan ke dalam minyak panas. Goreng ayam secara berkelompok selama 3 hingga 4 minit, atau sehingga ayam berwarna perang keemasan dan garing di permukaan. Pindahkan ke pinggan berlapik tuala kertas.

d) Tuangkan semua kecuali 1 sudu besar minyak dari kuali dan letakkan di atas api yang sederhana tinggi. Putar minyak untuk menyalut dasar kuali. Perasakan minyak dengan menambah halia dan secubit garam dan serpihan lada merah. Biarkan serpihan halia dan lada mendidih dalam minyak selama kira-kira 30 saat, berputar perlahan-lahan.

e) Masukkan bawang putih dan tumis, tos dan terbalikkan dengan spatula kuali selama 30 saat. Kacau dalam sup ayam, baki 2½ sudu teh soya ringan, dan baki 1 sudu besar tepung jagung. Reneh selama 4 hingga 5 minit, sehingga sos menjadi pekat dan menjadi berkilat. Masukkan minyak bijan dan kacau hingga sebati.

f) Tutup api dan masukkan ayam yang telah digoreng tadi, toskan hingga salut dengan sos. Keluarkan halia dan buang. Pindahkan ke dalam pinggan dan hiaskan dengan hirisan daun bawang dan bijan.

54.Ayam Masam Manis

BAHAN-BAHAN:
- 2 sudu teh tepung jagung
- 2 sudu besar udara
- 3 sudu besar minyak sayuran, dibahagikan
- 4 hirisan halia segar yang dikupas, setiap satu kira-kira saiz suku
- Garam kosher
- ¾ paun paha ayam tanpa tulang, tanpa kulit, dipotong menjadi kepingan seukuran gigitan
- ½ lada benggala merah, potong ½ inci
- ½ lada benggala hijau, potong ½ inci
- ½ bawang kuning, potong ½ inci
- 1 (8 auns) ketulan nanas tin, toskan, jus dikhaskan
- 1 (4-auns) tin dihiris berangan udara, toskan
- ¼ cawan udara rebusan ayam rendah natrium
- 2 sudu besar gula perang ringan
- 2 sudu besar cuka sari apel
- 2 sudu besar sos tomato
- 1 sudu teh sos Worcestershire
- 3 biji daun bawang, dihiris nipis, untuk hiasan

ARAHAN:

a) Dalam mangkuk kecil, kacau bersama tepung jagung dan udara dan ketepikan.

b) Panaskan kuali di atas api sederhana tinggi sehingga setitik udara mendesis dan sejat apabila terkena. Tuangkan 2 sudu besar minyak dan putar untuk menyalut dasar kuali. Perasakan minyak dengan memasukkan halia dan sedikit garam. Biarkan halia mendidih dalam minyak selama kira-kira 30 saat, berputar perlahan-lahan.

c) Masukkan ayam dan bakar pada kuali selama 2 hingga 3 minit. Balikkan dan toskan ayam, tumis selama kira-kira 1 minit lagi, atau sehingga tidak lagi merah jambu. Pindahkan ke dalam mangkuk dan ketepikan.

d) Masukkan baki 1 sudu besar minyak dan putar hingga menyalut. Tumis lada benggala merah dan hijau serta bawang selama 3 hingga 4 minit, sehingga lembut dan lut sinar. Masukkan nenas dan buah berangan udara dan teruskan tumis selama satu minit lagi. Masukkan sayur ke dalam ayam dan ketepikan.

e) Tuangkan jus nanas yang dikhaskan, sup ayam, gula perang, cuka, sos tomato dan sos Worcestershire ke dalam kuali dan biarkan mendidih. Biarkan api sederhana tinggi dan masak selama kira-kira 4 minit, sehingga cecudara berkurangan separuh.

f) Kembalikan ayam dan sayur ke dalam kuali dan toskan untuk sebati dengan sos. Berikan bancuhan tepung jagung kacau cepat dan masukkan ke dalam kuali. Toskan dan balik semua sehingga tepung jagung mula memekatkan sos, menjadi berkilat.

g) Buang halia, pindahkan ke pinggan, hiaskan dengan daun bawang, dan hidangkan panas.

55. Moo Goo Gai Pan

BAHAN-BAHAN:
- 1 sudu besar kicap ringan
- 1 sudu besar wain beras Shaoxing
- 2 sudu teh minyak bijan
- ¾ paun dada ayam tanpa tulang tanpa kulit, dihiris menjadi jalur nipis
- ½ cawan udara rebusan ayam rendah natrium
- 2 sudu besar sos tiram
- 1 sudu teh gula
- 1 sudu besar tepung jagung
- 3 sudu besar minyak sayuran, dibahagikan
- 4 hirisan halia segar yang dikupas, setiap satu kira-kira saiz suku
- Garam kosher
- 4 auns cendawan butang segar, dihiris nipis
- 1 (4-auns) tin hirisan rebung, toskan
- 1 (4-auns) tin dihiris berangan udara, toskan
- 1 ulas bawang putih, dikisar halus

ARAHAN:

a) Dalam mangkuk besar, pukul bersama soya ringan, wain beras, dan minyak bijan sehingga licin. Masukkan ayam dan gaul hingga rata. Perap selama 15 minit.

b) Dalam mangkuk kecil, pukul bersama sup ayam, sos tiram, gula, dan tepung jagung sehingga rata dan ketepikan.

c) Panaskan kuali di atas api sederhana tinggi sehingga setitik udara mendesis dan sejat apabila terkena. Tuangkan 2 sudu besar minyak sayuran dan pusingkan untuk menyalut bahagian bawah kuali. Perasakan minyak dengan menambah halia dan sedikit garam. Biarkan halia mendidih dalam minyak selama kira-kira 30 saat, berputar perlahan-lahan.

d) Masukkan ayam dan buang bahan perapan. Tumis selama 2 hingga 3 minit, sehingga ayam tidak lagi merah jambu. Pindahkan ke mangkuk bersih dan ketepikan.

e) Masukkan baki 1 sudu besar minyak sayuran. Tumis cendawan selama 3 hingga 4 minit, toskan dan terbalikkan dengan cepat. Sebaik sahaja cendawan menjadi kering, hentikan menggoreng dan biarkan cendawan duduk di atas kuali panas selama kira-kira seminit. Toskan lagi dan kemudian berehat lagi selama satu minit lagi.

f) Masukkan rebung, berangan udara, dan bawang putih. Tumis selama 1 minit, atau sehingga bawang putih naik bau. Kembalikan ayam ke dalam kuali dan toskan hingga sebati.

g) Kacau sos bersama-sama dan masukkan ke dalam kuali. Tumis dan masak sehingga sos mula mendidih, kira-kira 45 saat. Teruskan mekambingung dan membalikkan sehingga sos menjadi pekat dan berkilat. Keluarkan halia dan buang. Pindahkan ke dalam pinggan dan hidangkan semasa panas.

56. Telur Foo Yong

BAHAN-BAHAN:
- 5 biji telur besar, pada suhu bilik
- Garam kosher
- Lada putih kisar
- ½ cawan penutup cendawan shitake yang dihiris nipis
- ½ cawan kacang polong beku, dicudarakan
- 2 daun bawang, dicincang
- 2 sudu teh minyak bijan
- ½ cawan udara rebusan ayam rendah natrium
- 1½ sudu besar sos tiram
- 1 sudu besar wain beras Shaoxing
- ½ sudu teh gula
- 2 sudu besar kicap ringan
- 1 sudu besar tepung jagung
- 3 sudu besar minyak sayuran
- Nasi masak, untuk dihidangkan

ARAHAN:

a) Dalam mangkuk besar, pukul telur dengan secubit setiap garam dan lada putih. Masukkan cendawan, kacang polong, daun bawang, dan minyak bijan. Mengetepikan.

b) Buat sos dengan merenehkan sup ayam, sos tiram, wain beras, dan gula dalam periuk kecil di atas api sederhana. Dalam cawan penyukat kaca kecil, pukul soya ringan dan tepung jagung sehingga tepung jagung larut sepenuhnya. Tuangkan bancuhan tepung jagung ke dalam sos sambil dipukul sentiasa dan masak selama 3 hingga 4 minit, sehingga sos menjadi cukup pekat untuk menyaluti bahagian belakang sudu. Tutup dan ketepikan.

c) Panaskan kuali di atas api sederhana tinggi sehingga setitik udara mendesis dan sejat apabila terkena. Tuangkan minyak sayuran dan pusingkan untuk menyalut pangkal kuali. Masukkan adunan telur dan masak, pusing-pusing dan goncang kuali sehingga bahagian bawah berwarna keemasan. Luncurkan telur dadar keluar dari kuali ke atas pinggan dan terbalikkan di atas kuali atau terbalikkan dengan spatula untuk memasak sebelah lagi sehingga kekuningan. Luncurkan telur dadar ke atas pinggan hidangan dan hidangkan di atas nasi yang telah dimasak dengan sesudu sos.

57.Tumis Telur Tomato

BAHAN-BAHAN:
- 4 biji telur besar, pada suhu bilik
- 1 sudu teh wain beras Shaoxing
- ½ sudu teh minyak bijan
- ½ sudu teh garam halal
- Lada hitam yang baru dikisar
- 3 sudu besar minyak sayuran, dibahagikan
- 2 hirisan halia segar yang dikupas, setiap satu kira-kira saiz suku
- 1 paun anggur atau tomato ceri
- 1 sudu teh gula
- Nasi atau mee masak, untuk dihidangkan

ARAHAN:

a) Dalam mangkuk besar, pukul telur. Masukkan wain beras, minyak bijan, garam, dan secubit lada dan teruskan pukul sehingga sebati.

b) Panaskan kuali di atas api sederhana tinggi sehingga setitik udara mendesis dan sejat apabila terkena. Tuangkan 2 sudu besar minyak sayuran dan pusingkan untuk menyalut bahagian bawah kuali. Putar adunan telur ke dalam kuali panas. Putar dan goncang telur untuk masak. Pindahkan telur ke dalam pinggan hidangan apabila baru masak tetapi tidak kering. Khemah dengan kerajang untuk memanaskan badan.

c) Masukkan baki 1 sudu besar minyak sayuran ke dalam kuali. Perasakan minyak dengan memasukkan halia dan sedikit garam. Biarkan halia mendidih dalam minyak selama kira-kira 30 saat, berputar perlahan-lahan.

d) Masukkan tomato dan gula, kacau hingga salut dengan minyak. Tutup dan masak selama kira-kira 5 minit, kacau sekali-sekala, sehingga tomato lembut dan telah mengeluarkan jusnya. Buang hirisan halia dan perasakan tomato dengan garam dan lada sulah.

e) Sudukan tomato di atas telur, dan hidangkan di atas nasi atau mee yang telah dimasak.

58. Udang dan Telur Kacau

BAHAN-BAHAN:
- 2 sudu besar garam halal, tambah lagi untuk perasa
- 2 sudu besar gula
- 2 cawan udara sejuk
- 6 auns udang sederhana (U41–50), dikupas dan dikeringkan
- 4 biji telur besar, pada suhu bilik
- ½ sudu teh minyak bijan
- Lada hitam yang baru dikisar
- 2 sudu besar minyak sayuran, dibahagikan
- 2 hirisan halia segar yang dikupas, setiap satu kira-kira saiz suku
- 2 ulas bawang putih, hiris nipis
- 1 tandan daun kucai, potong ½ inci

ARAHAN:

a) Dalam mangkuk besar, pukul garam dan gula ke dalam udara sehingga ia larut. Masukkan udang ke dalam udara garam. Tutup dan sejukkan selama 10 minit.

b) Toskan udang dalam colander dan bilas. Buang udara garam. Sapukan udang di atas lembaran pembakar berlapik tuala kertas dan keringkan.

c) Dalam mangkuk besar lain, pukul telur dengan minyak bijan dan secubit setiap garam dan lada sulah sehingga sebati. Mengetepikan.

d) Panaskan kuali di atas api sederhana tinggi sehingga setitik udara mendesis dan sejat apabila terkena. Tuangkan 1 sudu besar minyak sayuran dan pusingkan untuk menyalut bahagian bawah kuali. Perasakan minyak dengan memasukkan halia dan sedikit garam. Biarkan halia mendidih dalam minyak selama kira-kira 30 saat, berputar perlahan-lahan.

e) Masukkan bawang putih dan tumis sebentar untuk rasa minyak, kira-kira 10 saat. Jangan biarkan bawang putih menjadi perang atau hangus. Masukkan udang dan tumis selama kira-kira 2 minit, sehingga ia menjadi merah jambu. Pindahkan ke dalam pinggan dan buang halia.

f) Kembalikan kuali ke api dan tambah baki 1 sudu minyak sayuran. Apabila minyak panas, pusingkan adunan telur ke dalam kuali. Putar dan goncang telur untuk masak. Masukkan daun kucai ke dalam kuali dan teruskan masak sehingga telur masak tetapi tidak kering.

g) Kembalikan udang ke dalam kuali dan toskan hingga sebati. Pindahkan ke pinggan hidangan.

59.Kastard Telur Kukus Sedap

BAHAN-BAHAN:
- 4 biji telur besar, pada suhu bilik
- 1¾ cawan udara rebusan ayam rendah natrium atau udara yang ditapis
- 2 sudu teh wain beras Shaoxing
- ½ sudu teh garam halal
- 2 biji daun bawang, bahagian hijau sahaja, dihiris nipis
- 4 sudu teh minyak bijan

ARAHAN:

a) Dalam mangkuk besar, pukul telur. Masukkan sup dan wain beras dan pukul sehingga sebati. Tapis adunan telur melalui ayak berjaring halus di atas cawan penyukat cecudara untuk mengeluarkan buih udara. Tuangkan campuran telur ke dalam 4 (6-auns) ramekin. Dengan pisau pengupas, letuskan sebarang buih pada permukaan campuran telur. Tutup ramekin dengan aluminium foil.

b) Bilas bakul pengukus buluh dan penutupnya di bawah udara sejuk dan letakkan di dalam kuali. Tuangkan dalam 2 inci udara, atau sehingga ia berada di atas tepi bawah pengukus sebanyak ¼ hingga ½ inci, tetapi tidak terlalu banyak sehingga menyentuh bahagian bawah bakul. Letakkan ramekin dalam bakul pengukus. Tutup dengan tudung.

c) Didihkan udara, kemudian kecilkan api hingga mendidih. Kukus di atas api perlahan selama kira-kira 10 minit atau sehingga telur masak.

d) Keluarkan ramekin dari pengukus dengan berhati-hati dan hiaskan setiap kastard dengan beberapa daun bawang dan beberapa titik minyak bijan. Hidangkan segera.

60. Kepak ayam goreng bawaan Cina

BAHAN-BAHAN:
- 10 kepak ayam keseluruhan, basuh dan keringkan
- 1/8 sudu kecil lada hitam
- 1/4 sudu teh lada putih
- ¼ sudu teh serbuk bawang putih
- 1 sudu teh garam
- ½ sudu teh gula
- 1 sudu besar kicap
- 1 sudu besar wain Shaoxing
- 1 sudu teh minyak bijan
- 1 biji telur
- 1 sudu besar tepung jagung
- 2 sudu besar tepung
- minyak, untuk menggoreng

ARAHAN:
a) Satukan semua Bahan (kecuali minyak goreng, sudah tentu) dalam mangkuk adunan yang besar. Campurkan semuanya sehingga sayap bersalut dengan baik.
b) Biarkan sayap perap selama 2 jam pada suhu bilik atau dalam peti sejuk semalaman untuk hasil terbaik. (Jika anda menyejukkan sayap, pastikan untuk membiarkannya ke suhu bilik semula sebelum memasak).
c) Selepas perap, jika kelihatan seperti terdapat cecudara di dalam sayap, pastikan untuk mencampurkannya dengan teliti sekali lagi. Sayap hendaklah disalut dengan baik dengan salutan nipis seperti adunan. Jika masih kelihatan terlalu berudara, masukkan sedikit lagi tepung jagung dan tepung.
d) Isi periuk sederhana kira-kira 2/3 daripada minyak, dan panaskannya hingga 325 darjah F.
e) Goreng sayap dalam kelompok kecil selama 5 minit dan keluarkan ke dalam loyang yang dialas dengan tuala kertas. Setelah semua sayap digoreng, kembalikan secara berkelompok ke dalam minyak dan goreng lagi selama 3 minit.
f) Toskan di atas tuala kertas atau rak penyejuk, dan hidangkan bersama sos panas!

61.ayam selasih thai

BAHAN-BAHAN:
- 3 hingga 4 sudu besar minyak
- 3 biji burung Thai atau cili Holland, dihiris nipis
- 3 biji bawang merah, dihiris nipis
- 5 ulas bawang putih, hiris
- Ayam kisar 1 paun
- 2 sudu teh gula atau madu
- 2 sudu besar kicap
- 1 sudu besar sos ikan
- ⅓ cawan udara rebusan ayam rendah sodium
- 1 tandan holy basil atau daun basil Thai

ARAHAN:
a) Dalam kuali dengan api yang tinggi, masukkan minyak, cili, bawang merah dan bawang putih, dan goreng selama 1-2 minit.
b) Masukkan ayam yang dikisar dan tumis selama 2 minit, pecahkan ayam kepada kepingan kecil.
c) Masukkan gula, kicap, dan sos ikan. Tumis selama satu minit lagi dan nyah glasir kuali dengan kuahnya. Oleh kerana kuali anda di atas api yang tinggi, cecudara harus masak dengan cepat.
d) Masukkan basil, dan tumis hingga layu.
e) Hidangkan atas nasi.

IKAN DAN MAKANAN LAUT

62. Gigitan Salmon dan Keju Krim

BAHAN-BAHAN:
- 3 biji telur sederhana
- ¼ sudu teh garam atau secukup rasa
- ½ sudu teh dill kering
- 0.88 auns salmon segar atau salai, dicincang
- ½ cawan krim
- Parmesan parut 0.88 auns
- Keju krim 0.88 auns, dipotong dadu

ARAHAN:
a) Griskan 18 perigi perigi muffin mini dengan sedikit lemak.
b) Pastikan ketuhar anda dipanaskan hingga 360° F.
c) Masukkan telur ke dalam mangkuk dan pukul sebati. Masukkan garam dan krim dan kacau rata.
d) Masukkan parmesan, keju krim, dan dill dan kacau.
e) Bahagikan adunan telur ke dalam 18 perigi loyang muffin mini.
f) Titiskan sekurang-kurangnya 1 - 2 keping salmon dalam setiap perigi.
g) Letakkan mini muffin pan di dalam ketuhar dan bakar selama lebih kurang 12 - 15 minit atau sehingga set.
h) Sejukkan muffin mini di atas meja anda.
i) Keluarkan dari acuan dan hidangkan.

63.Isi Ikan Bakar

BAHAN-BAHAN:
- 2 sudu besar mentega, cudara
- Secubit paprika yang dikisar
- 3 isi ikan (5 auns)
- Lada secukup rasa
- 1 sudu besar jus limau
- ½ sudu teh garam

ARAHAN:
a) Pastikan ketuhar anda dipanaskan hingga 350° F.
b) Sediakan loyang dengan mengoleskannya dengan sedikit lemak.
c) Taburkan garam dan lada sulah ke atas fillet dan letakkan di dalam kuali.
d) Masukkan mentega, paprika, dan jus limau ke dalam mangkuk dan kacau. Sapu campuran ini ke atas fillet.
e) Letakkan loyang dalam ketuhar dan bakar fillet selama 15-25 minit, sehingga ikan mudah mengelupas apabila dicucuk dengan garpu.

64. Kek Salmon

BAHAN-BAHAN:
- 2 tin salmon (14.75 auns setiap satu), toskan
- 8 sudu besar kolagen
- 2 cawan keju mozzarella yang dicincang
- 1 sudu kecil serbuk bawang
- 4 biji telur pastur besar
- 4 sudu teh dill kering
- 1 sudu teh garam laut merah jambu atau secukup rasa
- 4 sudu besar minyak bacon

ARAHAN:
a) Masukkan salmon, kolagen, mozzarella, serbuk bawang, telur, dill, dan garam ke dalam mangkuk dan gaul rata.
b) Buat 8 patties daripada adunan.
c) Letakkan kuali besar di atas api sederhana rendah dengan minyak bacon. Setelah lemak dipanaskan dengan baik, letakkan kek salmon dalam kuali dan masak sehingga ia menjadi perang keemasan di semua sisi.
d) Tanggalkan kuali dari api dan biarkan patties kekal dalam lemak masak selama 5 minit. Hidang.

65. Lobster Belah Bakar

BAHAN-BAHAN:
- 4 sudu besar minyak zaitun atau mentega cudara
- Garam kosher secukup rasa
- 4 udang galah hidup (1 ½ paun setiap satu)
- Lada yang baru dikisar secukup rasa
- Mentega cudara untuk dihidangkan
- Sos panas
- Limau wedges untuk dihidangkan

ARAHAN:
a) Letakkan udang galah hidup di dalam peti sejuk selama 15 minit.
b) Letakkannya di atas papan pemotong anda dengan perut di bawah di atas papan pemotong. Pegang ekor. Belah udang galah kepada separuh memanjang. Mulakan dari titik di mana ekor bergabung dengan badan dan naik ke kepala. Balikkan sisi dan potong memanjang melalui ekor.
c) Sapu mentega cudara pada bahagian yang dipotong, sejurus selepas dipotong. Taburkan garam dan lada sulah di atasnya.
d) Sediakan gril anda dan panaskan pada api yang tinggi selama 5-10 minit. Bersihkan parut gril dan kecilkan api ke api perlahan.
e) Letakkan udang galah di atas panggangan dan tekan cakar pada panggangan sehingga masak—panggang selama 6-8 minit.
f) Balikkan sisi dan masak sehingga masak dan sedikit hangus.
g) Pindahkan ke atas pinggan. Tuangkan mentega cudara di atas dan hidangkan.

66. Kuah Tulang Ikan

BAHAN-BAHAN:
- 2 paun kepala ikan atau bangkai
- Garam secukup rasa
- 7 – 8 liter udara + tambahan untuk dicelur
- 2 inci halia, dihiris
- 2 sudu besar jus limau

ARAHAN:
a) Untuk merebus ikan: Masukkan udara dan kepala ikan ke dalam periuk besar. Letakkan periuk di atas api yang tinggi.
b) Bila mendidih, tutup api dan buang udaranya.
c) Masukkan semula ikan ke dalam periuk. Tuangkan 7-8 liter udara.
d) Letakkan periuk di atas api yang tinggi. Masukkan halia, garam, dan jus limau.
e) Apabila adunan mendidih, kecilkan api dan tutup dengan penutup. Reneh selama 4 jam.
f) Keluarkan dari haba. Apabila ia sejuk, tapis ke dalam balang besar dengan penapis jaring dawai.
g) Sejukkan selama 5-6 hari. Kuah yang tidak digunakan boleh dibekukan.

67. Udang Mentega Bawang Putih

BAHAN-BAHAN:
- 1 cawan mentega tanpa garam, dibahagikan
- Garam kosher secukup rasa
- ½ cawan stok ayam
- Lada yang baru dikisar secukup rasa
- ¼ cawan daun pasli segar yang dicincang
- 3 paun udang sederhana, dikupas, dikeringkan
- 10 ulas bawang putih, dikupas, dikisar
- Jus 2 biji limau

ARAHAN:

a) Masukkan 4 sudu besar mentega ke dalam kuali besar dan letakkan kuali di atas api yang sederhana tinggi. Setelah mentega cudara, masukkan garam, udang, dan lada sulah dan masak selama 2 - 3 minit. Kacau setiap minit atau lebih. Keluarkan udang dengan sudu berlubang dan letak di atas pinggan.

b) Masukkan bawang putih ke dalam periuk dan masak sehingga anda mendapat aroma yang harum. Tuangkan jus limau dan stok dan kacau.

c) Setelah mendidih, kecilkan api dan masak sehingga stok berkurangan kepada separuh kuantiti asalnya.

d) Masukkan baki mentega, satu sudu setiap kali, dan kacau sehingga ia cudara setiap kali.

e) Masukkan udang dan kacau perlahan sehingga bersalut.

f) Taburkan pasli di atas dan hidangkan.

68. Udang Bakar

BAHAN-BAHAN:
PERASA UDANG
- 2 sudu kecil serbuk bawang putih
- 2 sudu teh perasa Itali
- 2 sudu teh garam halal
- ½ - 1 sudu teh lada cayenne

MEMANGGANG
- 4 sudu besar minyak zaitun extra-virgin
- 2 paun udang, dikupas, dikeringkan
- 2 sudu besar jus limau segar
- Minyak untuk melincirkan gril yang diparut

ARAHAN:
a) Sekiranya anda memanggangnya dalam ketuhar, sediakan lembaran pembakar dengan melapiknya dengan kerajang dan melincirkan juga kerajang, dengan sedikit lemak.
b) Masukkan serbuk bawang putih, lada cayenne, garam dan perasa Itali ke dalam mangkuk besar dan gaul rata.
c) Masukkan jus limau dan minyak dan gaul rata.
d) Masukkan udang. Pastikan udang disalut dengan baik dengan adunan.
e) Gris parut gril dengan sedikit minyak. Bakar udang atau panggang dalam ketuhar sehingga ia menjadi merah jambu. Ia perlu mengambil masa 2 - 3 minit untuk setiap sisi.

69.Ikan Kod Goreng Bawang putih Ghee

BAHAN-BAHAN:
- 2 fillet ikan kod (4.8 auns setiap satu)
- 3 ulas bawang putih, dikupas, dikisar
- Garam secukup rasa
- 1 ½ sudu besar minyak sapi
- ½ sudu besar serbuk bawang putih (pilihan)

ARAHAN:
a) Letakkan kuali di atas api sederhana tinggi. Masukkan minyak sapi.
b) Setelah minyak sapi cudara, kacau separuh bawang putih dan masak selama kira-kira 6 – 10 saat.
c) Masukkan fillet dan perasakan dengan serbuk bawang putih dan garam.
d) Tidak lama kemudian warna ikan akan menjadi putih sepenuhnya. Warna ini sepatutnya kelihatan pada kira-kira separuh ketinggian ikan.
e) Balikkan ikan dan masak, masukkan baki bawang putih.
f) Apabila seluruh fillet bertukar putih, keluarkan dari kuali, dan hidangkan.

70.Garam dan Lada Udang

BAHAN-BAHAN:
- 1 sudu besar garam halal
- 1½ sudu teh lada Sichuan
- 1½ paun udang besar (U31–35), dikupas dan dikupas, tinggal ekornya
- ½ cawan minyak sayuran
- 1 cawan tepung jagung
- 4 biji daun bawang, dihiris serong
- 1 lada jalapeno, dibelah dua dan dibiji, dihiris nipis
- 6 ulas bawang putih, hiris nipis

ARAHAN:

a) Dalam kuali atau kuali tumis kecil di atas api sederhana, bakar garam dan lada sulah sehingga naik bau, goncang dan kacau kerap untuk mengelakkan hangus. Pindahkan ke dalam mangkuk untuk menyejukkan sepenuhnya. Kisar garam dan biji lada bersama dalam pengisar rempah atau dengan lesung dan alu. Pindahkan ke dalam mangkuk dan ketepikan.

b) Keringkan udang dengan tuala kertas.

c) Dalam kuali, panaskan minyak di atas api sederhana tinggi hingga 375°F, atau sehingga ia menggelegak dan berdesis di sekitar hujung sudu kayu.

d) Masukkan tepung jagung dalam mangkuk besar. Sebelum anda bersedia untuk menggoreng udang, toskan separuh udang untuk disalut dengan tepung jagung dan goncangkan sebarang tepung jagung yang berlebihan.

e) Goreng udang selama 1 hingga 2 minit, sehingga ia menjadi merah jambu. Menggunakan skimmer kuali, pindahkan udang goreng ke rak yang ditetapkan di atas loyang untuk toskan. Ulangi proses dengan baki udang toskan tepung jagung, goreng, dan pindahkan ke rak untuk toskan.

f) Setelah semua udang telah masak, keluarkan semua kecuali 2 sudu besar minyak dengan teliti dan kembalikan kuali ke api sederhana. Masukkan daun bawang, jalapeño, dan bawang putih dan tumis sehingga daun bawang dan jalapeño bertukar menjadi hijau terang dan bawang putih berbau harum. Kembalikan udang ke dalam kuali, perasakan secukup rasa dengan bancuhan garam dan lada sulah (anda mungkin tidak menggunakan semuanya), dan toskan hingga bersalut. Pindahkan udang ke dalam pinggan dan hidangkan panas.

71.Udang mabuk

BAHAN-BAHAN:
- 2 cawan wain beras Shaoxing
- 4 hirisan halia segar yang dikupas, setiap satu kira-kira saiz suku
- 2 sudu besar beri goji kering (pilihan)
- 2 sudu teh gula
- 1 paun udang jumbo (U21–25), dikupas dan dikeringkan, tinggal ekornya
- 2 sudu besar minyak sayuran
- Garam kosher
- 2 sudu teh tepung jagung

ARAHAN:

a) Dalam mangkuk adunan yang luas, kacau bersama wain beras, halia, beri goji (jika menggunakan), dan gula sehingga gula larut. Masukkan udang dan penutup. Perap dalam peti ais selama 20 hingga 30 minit.

b) Tuangkan udang dan perap ke dalam set colander di atas mangkuk. Simpan ½ cawan perapan dan buang selebihnya.

c) Panaskan kuali di atas api sederhana tinggi sehingga setitik udara mendesis dan sejat apabila terkena. Tuangkan minyak dan putar hingga menyalut dasar kuali. Perasakan minyak dengan menambah sedikit garam, dan pukul perlahan-lahan.

d) Masukkan udang dan tumis dengan kuat, tambah secubit garam semasa anda membalikkan dan melemparkan udang ke dalam kuali. Teruskan gerakkan udang selama kira-kira 3 minit, sehingga ia bertukar merah jambu.

e) Kacau tepung jagung ke dalam perapan yang telah disediakan dan tuangkan ke atas udang. Toskan udang dan salutkan dengan bahan perapan. Ia akan menjadi sos berkilat apabila ia mula mendidih, kira-kira 5 minit lagi.

f) Pindahkan udang dan beri goji ke pinggan, buang halia, dan hidangkan panas.

72.Udang Tumis Gaya Shanghai

BAHAN-BAHAN:
- 1 paun udang sederhana besar (U31–40), dikupas dan dikupas, tinggal ekornya
- 2 sudu besar minyak sayuran
- Garam kosher
- 2 sudu teh wain beras Shaoxing
- 2 daun bawang, dicincang halus

ARAHAN:
a) Dengan menggunakan gunting dapur yang tajam atau pisau pengupas, potong udang separuh memanjang, pastikan bahagian ekornya utuh. Memandangkan udang digoreng, memotongnya dengan cara ini akan memberikan lebih luas permukaan dan menghasilkan bentuk dan tekstur yang unik!

b) Keringkan udang dengan tuala kertas dan biarkan kering. Lebih kering udang, lebih berperisa hidangan. Anda boleh menyimpan udang di dalam peti sejuk, digulung dalam tuala kertas, sehingga 2 jam sebelum dimasak.

c) Panaskan kuali di atas api sederhana tinggi sehingga setitik udara mendesis dan sejat apabila terkena. Tuangkan minyak dan putar untuk menyalut dasar kuali. Perasakan minyak dengan menambah sedikit garam, dan pukul perlahan-lahan.

d) Masukkan udang sekaligus ke dalam kuali panas. Tos dan balikkan dengan cepat selama 2 hingga 3 minit, sehingga udang mula bertukar merah jambu. Perasakan dengan secubit kecil garam lagi, dan masukkan wain beras. Biarkan wain mendidih semasa anda meneruskan menggoreng, kira-kira 2 minit lagi. Udang harus terpisah dan bergulung, masih melekat di ekor.

e) Pindahkan ke dalam pinggan hidangan dan hiaskan dengan daun bawang. Hidangkan panas.

73.Udang Walnut

BAHAN-BAHAN:
- Semburan minyak sayuran nonstick
- Udang jumbo 1 paun (U21–25), dikupas
- 25 hingga 30 bahagian walnut
- 3 cawan minyak sayuran, untuk menggoreng
- 2 sudu besar gula
- 2 sudu besar udara
- ¼ cawan mayonis
- 3 sudu besar susu pekat manis
- ¼ sudu teh cuka beras
- Garam kosher
- ⅓ cawan tepung jagung

ARAHAN:

a) Alas loyang dengan kertas parchment dan semburkan sedikit dengan semburan masak. Mengetepikan.

b) Rama-ramakan udang dengan memegangnya di atas papan pemotong melengkung ke bawah. Bermula dari kawasan kepala, masukkan hujung pisau pengupas tiga perempat daripada jalan ke dalam udang. Buat hirisan di bahagian tengah belakang udang hingga ke ekor. Jangan potong sehingga udang, dan jangan potong ke bahagian ekor. Buka udang seperti buku dan bentangkan rata. Lapkan urat (saluran pencernaan udang) jika ia kelihatan dan bilas udang di bawah udara sejuk, kemudian keringkan dengan tuala kertas. Mengetepikan.

c) Dalam kuali, panaskan minyak di atas api sederhana tinggi hingga 375°F, atau sehingga ia menggelegak dan berdesis di sekitar hujung sudu kayu. Goreng walnut sehingga perang keemasan, 3 hingga 4 minit, dan, menggunakan skimmer kuali, pindahkan walnut ke dalam pinggan beralaskan tuala kertas. Ketepikan dan tutup api.

d) Dalam periuk kecil, kacau bersama gula dan udara dan biarkan mendidih dengan api sederhana tinggi, kacau sekali-sekala, sehingga gula larut. Kecilkan api kepada sederhana dan reneh untuk mengurangkan sirap selama 5 minit, atau sehingga sirap pekat dan berkilat. Masukkan walnut dan toskan hingga menyalutinya dengan sirap sepenuhnya. Pindahkan kacang ke dalam loyang yang disediakan dan ketepikan untuk menyejukkan. Gula harus mengeras di sekeliling kacang dan membentuk cangkerang manisan.

e) Dalam mangkuk kecil, kacau bersama mayonis, susu pekat, cuka beras, dan secubit garam. Mengetepikan.

f) Bawa minyak kuali kembali ke 375°F dengan api sederhana tinggi. Semasa minyak sedang panas, perasakan udang dengan sedikit garam. Dalam mangkuk adunan, gaulkan udang bersama tepung jagung sehingga bersalut. Bekerja dalam kelompok kecil, goncangkan lebihan tepung jagung dari udang dan goreng dalam minyak, gerakkannya dengan cepat dalam minyak supaya ia tidak melekat bersama. Goreng udang selama 2 hingga 3 minit sehingga perang keemasan.

g) Pindahkan ke dalam mangkuk adunan bersih dan siramkan sos. Lipat perlahan-lahan sehingga udang bersalut rata. Susun udang di atas pinggan dan hiaskan dengan gula-gula walnut. Hidangkan panas.

74. Kerang Baldu

BAHAN-BAHAN:
- 1 putih telur besar
- 2 sudu besar tepung jagung
- 2 sudu besar wain beras Shaoxing, dibahagikan
- 1 sudu teh garam halal, dibahagikan
- 1 paun kerang laut segar, dibilas, dibuang otot dan ditepuk kering
- 3 sudu besar minyak sayuran, dibahagikan
- 1 sudu besar kicap ringan
- ¼ cawan jus oren yang baru diperah
- Kulit parut 1 oren
- Serpihan lada merah (pilihan)
- 2 biji daun bawang, bahagian hijau sahaja, hiris nipis, untuk hiasan

ARAHAN:

a) Dalam mangkuk besar, satukan putih telur, tepung jagung, 1 sudu besar wain beras, dan ½ sudu teh garam dan kacau dengan pukul kecil sehingga tepung jagung larut sepenuhnya dan tidak lagi berketul. Masukkan kerang dan sejukkan selama 30 minit.

b) Keluarkan kerang dari peti ais. Didihkan periuk udara bersaiz sederhana. Tambah 1 sudu besar minyak sayuran dan kecilkan sehingga mendidih. Masukkan kerang ke dalam udara mendidih dan masak selama 15 hingga 20 saat, kacau berterusan sehingga kerang bertukar legap (kerang tidak akan masak sepenuhnya). Menggunakan skimmer kuali, pindahkan kerang ke dalam lembaran pembakar berlapik tuala kertas dan keringkan dengan tuala kertas.

c) Dalam cawan penyukat kaca, satukan baki 1 sudu besar wain beras, soya ringan, jus oren, kulit oren dan secubit kepingan lada merah (jika menggunakan) dan ketepikan.

d) Panaskan kuali di atas api sederhana tinggi sehingga setitik udara mendesis dan sejat apabila terkena. Tuangkan baki 2 sudu besar minyak dan pusingkan untuk menyalut bahagian bawah kuali. Perasakan minyak dengan menambah baki ½ sudu teh garam.

e) Masukkan kerang Baldu ke dalam kuali dan pusingkan sos. Tumis kerang sehingga masak, kira-kira 1 minit. Pindahkan ke dalam hidangan hidangan dan hiaskan dengan daun bawang.

75. Makanan Laut dan Tumis Sayuran dengan Mee

BAHAN-BAHAN:
- 1 cawan minyak sayuran, dibahagikan
- 3 hirisan halia segar dikupas
- Garam kosher
- 1 lada benggala merah, potong 1 inci
- 1 bawang putih kecil, dihiris nipis, jalur menegak panjang
- 1 genggam besar kacang salji, tali dikeluarkan
- 2 ulas bawang putih besar, dikisar halus
- ½ paun udang atau ikan, potong 1 inci
- 1 sudu besar Sos Kacang Hitam
- ½ paun mi bihun kering atau mee utas kacang

ARAHAN:

a) Panaskan kuali di atas api sederhana tinggi sehingga setitik udara mendesis dan sejat apabila terkena. Tuangkan 2 sudu besar minyak dan putar untuk menyalut dasar kuali. Perasakan minyak dengan memasukkan hirisan halia dan sedikit garam. Biarkan halia mendidih dalam minyak selama kira-kira 30 saat, berputar perlahan-lahan.

b) Masukkan lada benggala dan bawang besar dan kacau dengan cepat dengan memusingkan dan membalikkannya di dalam kuali menggunakan spatula kuali.

c) Perasakan sedikit dengan garam dan teruskan tumis selama 4 hingga 6 minit, sehingga bawang kelihatan lembut dan lut sinar. Masukkan kacang salji dan bawang putih, toskan dan terbalikkan sehingga bawang putih wangi, kira-kira satu minit lagi. Pindahkan sayur ke dalam pinggan.

d) Panaskan lagi 1 sudu besar minyak dan masukkan udang atau ikan. Kacau perlahan-lahan dan perasakan dengan sedikit garam. Tumis selama 3 hingga 4 minit, atau sehingga udang bertukar merah jambu atau ikan mula mengelupas. Kembalikan sayur-sayuran dan gaulkan semuanya selama 1 minit lagi. Buang halia dan pindahkan udang ke dalam pinggan. Khemah dengan kerajang untuk memanaskan badan.

e) Padamkan kuali dan kembalikan ke api sederhana tinggi. Tuangkan baki minyak (kira-kira ¾ cawan) dan panaskan hingga 375°F, atau sehingga ia menggelegak dan berdesis di sekitar hujung sudu kayu. Sebaik sahaja minyak berada pada suhu, masukkan mee kering. Mereka akan serta-merta mula mengepul dan naik dari minyak. Dengan menggunakan penyepit, balikkan awan mi jika anda perlu menggoreng bahagian atasnya, dan angkat dari minyak dengan berhati-hati dan pindahkan ke pinggan berlapik tuala kertas untuk toskan dan sejuk.

f) Pecahkan mee perlahan-lahan kepada kepingan yang lebih kecil dan taburkan di atas sayur-sayuran dan udang yang telah digoreng. Hidangkan segera.

76. Ikan Kukus Seluruh dengan Halia dan Daun Bawang

BAHAN-BAHAN:
UNTUK IKAN
- 1 ikan putih keseluruhan, kira-kira 2 paun, kepala dan dibersihkan
- ½ cawan garam halal, untuk pembersihan
- 3 daun bawang, dihiris 3 inci
- 4 hirisan halia segar yang dikupas, setiap satu kira-kira saiz suku
- 2 sudu besar wain beras Shaoxing

UNTUK SOS
- 2 sudu besar kicap ringan
- 1 sudu besar minyak bijan
- 2 sudu teh gula

UNTUK MINYAK HALIA YANG BERSIZEK
- 3 sudu besar minyak sayuran
- 2 sudu besar halia segar yang telah dikupas dicincang halus menjadi jalur nipis
- 2 biji daun bawang, hiris nipis
- Bawang merah, dihiris nipis (pilihan)
- Ketumbar (pilihan)

ARAHAN:

a) Gosok ikan dalam dan luar dengan garam kosher. Bilas ikan dan keringkan dengan tuala kertas.

b) Di atas pinggan yang cukup besar untuk dimuatkan ke dalam bakul pengukus buluh, buat katil menggunakan separuh daripada setiap daun bawang dan halia. Letakkan ikan di atas dan masukkan baki daun bawang dan halia ke dalam ikan. Tuangkan wain beras ke atas ikan.

c) Bilas bakul pengukus buluh dan penutupnya di bawah udara sejuk dan letakkan di dalam kuali. Tuangkan kira-kira 2 inci udara sejuk, atau sehingga ia berada di atas tepi bawah pengukus kira-kira ¼ hingga ½ inci, tetapi tidak terlalu tinggi sehingga udara menyentuh bahagian bawah bakul. Didihkan udara.

d) Letakkan pinggan dalam bakul pengukus dan tutup. Kukus ikan dengan api sederhana selama 15 minit (tambah 2 minit untuk setiap setengah paun lagi). Sebelum keluarkan dari kuali, cucuk ikan dengan garpu dekat kepala. Jika daging mengelupas, sudah siap. Jika daging masih melekat, kukus selama 2 minit lagi.

e) Semasa ikan mengukus, dalam kuali kecil, panaskan soya ringan, minyak bijan, dan gula dengan api perlahan, dan ketepikan.

f) Setelah ikan masak, pindahkan ke dalam pinggan yang bersih. Buang cecudara memasak dan aromatik dari pinggan pengukus. Tuangkan adunan kicap hangat ke atas ikan. Khemah dengan kerajang untuk memastikan ia hangat semasa anda menyediakan minyak.

77.Ikan Tumis dengan Halia dan Bok Choy

BAHAN-BAHAN:
- 1 putih telur besar
- 1 sudu besar wain beras Shaoxing
- 2 sudu teh tepung jagung
- 1 sudu teh minyak bijan
- ½ sudu teh kicap ringan
- Isi ikan tanpa tulang 1 paun, dipotong menjadi kepingan 2 inci
- 4 sudu besar minyak sayuran, dibahagikan
- Garam kosher
- 4 hirisan halia segar yang dikupas, kira-kira saiz suku
- 3 kepala baby bok choy, potong seukuran gigitan
- 1 ulas bawang putih, dikisar

ARAHAN:

a) Dalam mangkuk sederhana, campurkan bersama putih telur, wain beras, tepung jagung, minyak bijan dan soya ringan. Masukkan ikan ke dalam bahan perapan, dan kacau hingga menyalut. Perap selama 10 minit.

b) Panaskan kuali di atas api sederhana tinggi sehingga setitik udara mendesis dan sejat apabila terkena. Tuangkan 2 sudu besar minyak sayuran dan pusingkan untuk menyalut bahagian bawah kuali. Perasakan minyak dengan menambah sedikit garam, dan pukul perlahan-lahan.

c) Dengan sudu berlubang, angkat ikan dari perapan dan goreng dalam kuali selama kira-kira 2 minit pada setiap sisi, sehingga perang sedikit di kedua-dua belah. Pindahkan ikan ke dalam pinggan dan ketepikan.

d) Masukkan baki 2 sudu besar minyak sayuran ke dalam kuali. Masukkan secubit lagi garam dan halia dan perasakan minyak, kacau perlahan-lahan selama 30 saat. Masukkan bok choy dan bawang putih dan tumis selama 3 hingga 4 minit, kacau sentiasa, sehingga bok choy lembut.

e) Kembalikan ikan ke dalam kuali dan kacau perlahan-lahan bersama bok choy sehingga sebati. Perasakan sedikit dengan secubit garam lagi. Pindahkan ke pinggan, buang halia, dan hidangkan segera.

78. Kerang dalam Sos Kacang Hitam

BAHAN-BAHAN:
- 3 sudu besar minyak sayuran
- 2 hirisan halia segar yang dikupas, setiap satu kira-kira saiz suku
- Garam kosher
- 2 daun bawang, potong sepanjang 2 inci
- 4 ulas bawang putih besar, hiris nipis
- 2 paun kerang PEI hidup, digosok dan dibuang janggut
- 2 sudu besar wain beras Shaoxing
- 2 sudu besar Sos Kacang Hitam atau sos kacang hitam yang dibeli di kedai
- 2 sudu teh minyak bijan
- ½ tandan ketumbar segar, dicincang kasar

ARAHAN:
a) Panaskan kuali di atas api sederhana tinggi sehingga setitik udara mendesis dan sejat apabila terkena. Tuangkan minyak sayuran dan pusingkan untuk menyalut pangkal kuali. Perasakan minyak dengan memasukkan hirisan halia dan sedikit garam. Biarkan halia mendidih dalam minyak selama kira-kira 30 saat, berputar perlahan-lahan.

b) Masukkan daun bawang dan bawang putih dan tumis selama 10 saat, atau sehingga daun bawang layu.

c) Masukkan kerang dan gaul hingga salut dengan minyak. Tuangkan wain beras ke bahagian tepi kuali dan toskan sebentar. Tutup dan kukus selama 6 hingga 8 minit, sehingga kerang dibuka.

d) Buka tutup dan masukkan sos kacang hitam, toskan hingga menyaluti kerang. Tutup dan biarkan kukus selama 2 minit lagi. Buka tutup dan pilih, keluarkan mana-mana kerang yang belum dibuka.

e) Lumurkan kerang dengan minyak bijan. Toskan sekejap sehingga minyak bijan naik bau. Buang halia, pindahkan kerang ke dalam pinggan, dan hiaskan dengan daun ketumbar.

79. Ketam Kari Kelapa

BAHAN-BAHAN:
- 2 sudu besar minyak sayuran
- 2 hirisan halia segar yang dikupas, kira-kira saiz suku
- Garam kosher
- 1 biji bawang merah, dihiris nipis
- 1 sudu besar serbuk kari
- 1 (13.5-auns) tin santan
- ¼ sudu teh gula
- 1 sudu besar wain beras Shaoxing
- Daging ketam tin 1 paun, ditoskan dan dipetik untuk mengeluarkan kepingan kulit
- Lada hitam yang baru dikisar
- ¼ cawan cilantro segar atau pasli daun rata yang dicincang, untuk hiasan
- Nasi masak, untuk dihidangkan

ARAHAN:

a) Panaskan kuali di atas api sederhana tinggi sehingga setitik udara mendesis dan sejat apabila terkena. Tuangkan minyak dan putar untuk menyalut dasar kuali. Perasakan minyak dengan memasukkan hirisan halia dan secubit garam. Biarkan halia mendidih dalam minyak selama kira-kira 30 saat, berputar perlahan-lahan.

b) Masukkan bawang merah dan tumis selama kira-kira 10 saat. Masukkan serbuk kari dan kacau hingga naik bau selama 10 saat lagi.

c) Masukkan santan, gula, dan wain beras, tutup kuali, dan masak selama 5 minit.

d) Kacau ketam, tutup dengan tudung, dan masak sehingga dipanaskan, kira-kira 5 minit. Keluarkan tudung, laraskan perasa dengan garam dan lada sulah, dan buang halia. Sendukkan di atas semangkuk nasi dan hiaskan dengan ketumbar cincang.

80. Sotong Lada Hitam Goreng

BAHAN-BAHAN:
- 3 cawan minyak sayuran
- Tiub dan sesungut sotong 1 paun, dibersihkan dan tiub dipotong menjadi cincin ⅓ inci
- ½ cawan tepung beras
- Garam kosher
- ¼ sudu teh lada hitam yang baru dikisar
- ¾ cawan udara berkilau, disimpan ais sejuk
- 2 sudu besar ketumbar segar yang dicincang kasar

ARAHAN:
a) Tuangkan minyak ke dalam kuali; minyak hendaklah kira-kira 1 hingga 1½ inci dalam. Bawa minyak ke 375°F dengan api sederhana tinggi. Anda boleh tahu minyak berada pada suhu yang betul apabila minyak menggelegak dan berdesis di sekeliling hujung sudu kayu apabila ia dicelup. Lap sotong hingga kering dengan tuala kertas.

b) Sementara itu, dalam mangkuk cetek, kacau tepung beras dengan secubit garam dan lada sulah. Pukul dalam udara berkilau yang cukup untuk membentuk adunan nipis. Lipat dalam sotong dan, bekerja secara berkelompok, angkat sotong dari adunan menggunakan kuali kuali atau sudu berlubang, goncangkan sebarang lebihan. Berhati-hati turunkan ke dalam minyak panas.

c) Masak sotong lebih kurang 3 minit, sehingga perang keemasan dan garing. Menggunakan skimmer kuali, keluarkan cumi dari minyak dan pindahkan ke pinggan beralaskan tuala kertas dan perasakan sedikit dengan garam. Ulang dengan sotong yang tinggal.

d) Pindahkan sotong ke dalam pinggan dan hiaskan dengan daun ketumbar. Hidangkan panas.

81. Tiram Goreng dengan Konfeti Cili-Bawang Putih

BAHAN-BAHAN:
- 1 (16 auns) bekas tiram kecil
- ½ cawan tepung beras
- ½ cawan tepung serba guna, dibahagikan
- ½ sudu teh serbuk penaik
- Garam kosher
- Lada putih kisar
- ¼ sudu teh serbuk bawang
- ¾ cawan udara berkilau, sejuk
- 1 sudu teh minyak bijan
- 3 cawan minyak sayuran
- 3 ulas bawang putih besar, hiris nipis
- 1 cili merah kecil, dihiris halus
- 1 cili hijau kecil, potong dadu halus
- 1 daun bawang, dihiris nipis

ARAHAN:

a) Dalam mangkuk adunan, kacau bersama tepung beras, ¼ cawan tepung serba guna, serbuk penaik, secubit setiap garam dan lada putih, dan serbuk bawang. Masukkan udara sparkling dan minyak bijan, gaul hingga rata, dan ketepikan.

b) Dalam kuali, panaskan minyak sayuran di atas api sederhana tinggi hingga 375°F, atau sehingga ia menggelegak dan berdesis di sekitar hujung sudu kayu.

c) Lapkan tiram dengan tuala kertas dan korek dalam baki ¼ cawan tepung serba guna. Celupkan tiram satu persatu ke dalam adunan tepung beras dan perlahan-lahan turunkan ke dalam minyak panas.

d) Goreng tiram selama 3 hingga 4 minit, atau sehingga perang keemasan. Pindahkan ke rak penyejuk dawai yang dipasang di atas loyang untuk mengalirkan udara. Taburkan sedikit garam.

e) Kembalikan suhu minyak kepada 375°F dan goreng bawang putih dan cili sebentar sehingga ia garing tetapi masih berwarna cerah, kira-kira 45 saat. Dengan skimmer wayar, angkat keluar dari minyak dan letakkan di atas pinggan beralas tuala kertas.

f) Susun tiram di atas pinggan dan taburkan bawang putih dan cili di atasnya. Hiaskan dengan daun bawang yang dihiris dan hidangkan segera.

82.Udara Goreng Udang Kelapa

BAHAN-BAHAN:
- 1/2 cawan tepung serba guna
- 1 1/2 sudu teh lada hitam yang dikisar
- 2 biji telur besar
- 2/3 cawan kelapa parut tanpa gula
- 1/3 cawan serbuk roti panko
- 12 auns udang sederhana yang belum dimasak,
- 1 hidangan semburan masak
- 1/2 sudu teh garam halal, dibahagikan
- 1/4 cawan madu
- 1/4 cawan jus limau nipis
- 1 biji cili Serrano, dihiris nipis
- 2 sudu teh cilantro segar yang dicincang

ARAHAN:

a) Pukul telur sedikit dalam hidangan cetek lain. Kacau bersama kelapa dan panko dalam hidangan cetek ketiga.

b) Pegang setiap ekor udang, korek dalam adunan tepung, dan buang lebihan. Kemudian celupkan udang yang telah ditabur tepung dalam telur, dan jemput lebihan untuk menitis.

c) Akhir sekali, korek dalam bancuhan kelapa, tekan untuk melekat. Diletakkan di atas pinggan. Lumurkan udang dengan baik dengan semburan masak.

d) Sementara itu, pukul bersama madu, jus limau nipis dan cili Serrano dalam mangkuk saiz biasa untuk celup. Taburkan udang goreng dengan daun ketumbar dan hidangkan bersama celup.

83.Udara Gorenger Limau Lada Udang

BAHAN-BAHAN:
- 1 sudu besar minyak zaitun
- 1 limau, dijus
- 1 sudu kecil lada limau
- 1/4 sudu teh paprika
- 1/4 sudu teh serbuk bawang putih
- 12 auns udang sederhana yang belum dimasak,
- 1 limau, dihiris

ARAHAN:
a) Panaskan penggoreng udara hingga 400 darjah F (200 darjah C).
b) Satukan minyak kelapa, jus limau, lada limau, paprika, dan serbuk bawang putih dalam mangkuk. Masukkan udang dan gaul hingga bersalut.
c) Letakkan udang dalam penggoreng udara dan masak sehingga merah jambu dan padat, 6 hingga 8 minit. Hidangkan bersama hirisan limau.

84.Udang Berbalut Bacon

BAHAN-BAHAN:
- 1 liter minyak sayuran untuk menggoreng
- 32 setiap satu dikupas dan dibuang
- 1 tin lada jalapeño jeruk
- 16 keping bacon, dibelah dua
- 32 setiap pencungkil gigi

ARAHAN:

a) Panaskan minyak dalam penggorengan dalam atau periuk besar hingga 350 darjah F (175 darjah C)

b) Potong udang di sepanjang batang, hampir ke bahagian depan. Sumbat setiap udang dengan sekerat jalapeño, kemudian balut dengan separuh keping bacon. Selamat dengan pencungkil gigi. Ulang dengan semua Bahan-bahan lain itu.

c) Masak udang dalam kelompok dalam minyak panas sebelum daging rangup dan perang keemasan, 2-3 minit. Toskan di atas pinggan beralaskan tuala kertas sebelum dihidangkan.

85.Kerang Ketam Menakjubkan

BAHAN-BAHAN:
- 36 keping (kosong) kulit pasta jumbo
- 2 pakej keju neufchatel
- Daging ketam tiruan 1 paun
- 6 auns udang masak kecil
- 1 biji bawang, dikisar
- 2 batang saderi, dihiris
- 1/3 cawan mayonis
- 2 sudu besar gula putih
- 1 1/2 sudu teh garam
- 1/2 sudu kecil lada hitam dikisar
- 1 sudu teh jus limau

ARAHAN:
a) Bawa periuk besar udara masin mendidih, dan tambah kulit pasta; rebus sehingga al dente. Toskan dengan baik.
b) Dalam mangkuk adunan besar, satukan keju krim, ketam, udang, bawang, saderi, mayonis, gula, garam, lada dan jus limau; gaul sebati.
c) Masukkan campuran keju krim ke dalam kulit pasta jumbo. Sejukkan sekurang-kurangnya 2 jam sebelum dihidangkan.

86. Cendawan Sumbat Udang

BAHAN-BAHAN:
- 20 cendawan putih besar, dilembutkan
- 1 (4-auns) udang kecil, bilas d
- 1/2 cawan keju krim perisa daun kucai dan bawang
- 1/2 sudu teh sos Worcestershire
- 1 secubit serbuk bawang putih, atau secukup rasa
- 1 sudu sos panas gaya Louisiana
- 3/4 cawan parut keju Romano

ARAHAN:
a) Lumurkan sedikit loyang bersaiz 9x13 inci.
b) Semasa penutup cendawan sejuk, satukan udang, keju krim, sos Worcestershire, serbuk bawang putih dan sos panas dalam mangkuk dan kacau hingga sebati.
c) Sudukan kira-kira 2 sudu teh bancuhan udang ke dalam penutup setiap cendawan dan letakkan, masukkan ke atas, dalam hidangan pembakar yang disediakan.
d) Taburkan keju Romano pada setiap cendawan.
e) Panaskan ketuhar hingga 400 darjah F (200 darjah C). Buka tutup pinggan dan bakar cendawan dalam ketuhar yang telah dipanaskan selama kira-kira 15 minit .

87.Ceviche Amerika

BAHAN-BAHAN:
- 1 bungkus udang masak sederhana
- 2 bungkus daging ketam tiruan
- 5 biji tomato, potong dadu
- 3 buah avokado sederhana (kosong).
- 1 timun Inggeris
- 1 biji bawang merah, potong dadu
- 1 tandan ketumbar, dicincang
- 4 biji limau nipis, dijus
- 2 lada jalapeño sederhana,
- 2 ulas bawang putih, ditekan
- 1 botol koktel jus tomato dan kerang
- 1 secubit garam dan lada hitam dikisar

ARAHAN:
a) Campurkan udang, ketam tiruan, tomato, alpukat, timun, bawang merah, ketumbar, jus limau nipis, lada jalapeno, dan bawang putih bersama-sama dalam bekas dengan penutup; tuangkan koktel jus tomato dan kerang ke atas salad dan gaul. Perasakan dengan garam dan lada hitam secukup rasa.
b) Benarkan salad diperap semalaman di dalam peti sejuk; kacau lagi sebelum dihidangkan.

88. Ladu Babi dan Udang

BAHAN-BAHAN:
- 1/4 paun daging babi yang dikisar
- 1 cawan selada udara yang dicincang
- 1/2 (8-auns) tin udara berangan
- 1/4 cawan bawang hijau dicincang
- 1 sudu besar sos tiram
- 1 1/2 sudu besar minyak bijan
- 1 sudu kecil bawang putih dikisar
- 1 sudu teh kicap
- 1 (16 auns) bungkusan kulit ladu
- 1 paun udang dikupas dan dibuang kulit

ARAHAN:

a) Dalam mangkuk besar, satukan daging babi, selada udara, buah berangan udara, bawang hijau, sos tiram, minyak bijan, bawang putih, kicap, lada putih kisar dan garam dan gaul sebati.

b) Letakkan 1/2 sudu teh inti pada setiap kulit ladu. Letakkan 1 ekor udang di atas inti.

c) Untuk memasak: Goreng ladu dalam kuali besar dengan api sederhana dengan minyak selama 15 minit , terbalikkan separuh ATAU Letakkannya dalam periuk udara mendidih selama 10 minit; toskan dan hidangkan dalam udara rebusan ayam panas.

89.Kebab Udang Pembuka selera

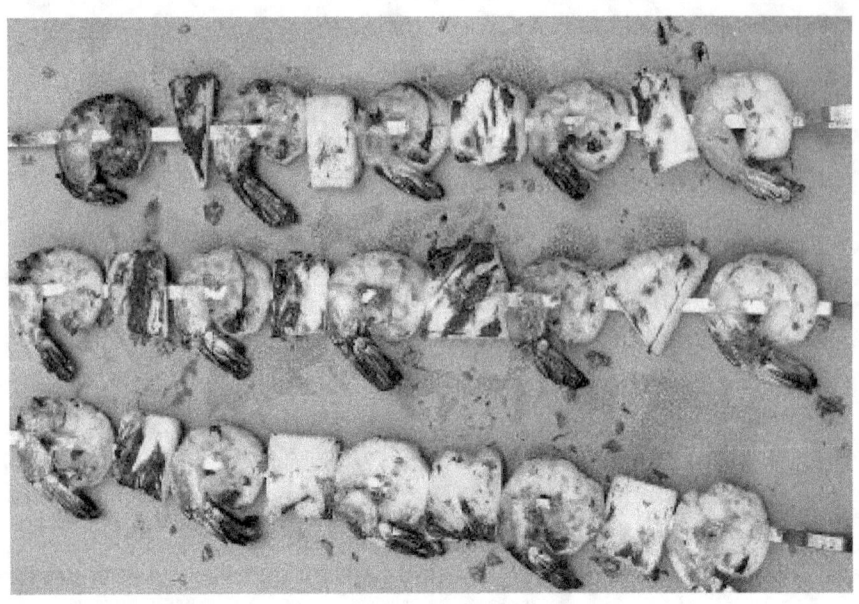

BAHAN-BAHAN:
- 3 sudu besar minyak zaitun
- 3 ulas bawang putih, ditumbuk
- 1/2 cawan serbuk roti kering
- 1/2 sudu teh perasa makanan laut
- 32 ekor udang sederhana yang belum dimasak
- sos koktel makanan laut

ARAHAN:
a) Dalam mangkuk cetek, satukan minyak dan bawang putih; biarkan sudah tentu adalah simbol 30 minit ute s. Dalam mangkuk lain, satukan serbuk roti dan perasa makanan laut. Celupkan udang dalam adunan minyak, kemudian salutkan dengan adunan serbuk.

b) Benang pada logam atau lidi kayu yang direndam. Bakar kabob, bertutup, dengan api sederhana selama 2-3 minit atau sehingga udang bertukar merah jambu. Hidangkan bersama sos makanan laut.

90. Koktel Udang Mexico

BAHAN-BAHAN:
- 1/3 cawan bawang besar bawang Sepanyol dicincang
- 1/4 cawan jus limau nipis
- Udang 1 paun udang sederhana masak sejuk
- 2 tomato sederhana
- 1 biji timun dicincang halus
- 1 batang saderi dihiris halus
- 1 lada lada jalapeño dibiji
- 2 sudu teh garam
- 2 sudu kecil lada hitam
- 1 cawan jus kerang
- 1 cawan sos tomato
- 1 tandan ketumbar
- 2 sudu besar sos lada panas
- 2 buah alpukat

ARAHAN:

a) Campurkan bawang dengan jus limau nipis hanya dalam mangkuk kecil dan biarkan ia menjadi simbol selama 10 minit. Sementara itu, toskan udang, tomato roma, timun, saderi, jalapeno, garam, dan lada hitam dalam mangkuk sehingga sebati.

b) Pukul koktel jus tomato dan kerang, sos tomato, ketumbar dan sos lada panas dalam mangkuk lain; kacau dressing ke dalam adunan udang. Masukkan alpukat perlahan-lahan. Tutup dan sejukkan dengan teliti, sekurang-kurangnya 1 jam.

DAGING ORGAN

91. Lidah Daging Lembu Pan-Seared

BAHAN-BAHAN:
- 2 lidah lembu keseluruhan, dibilas
- 2 sudu besar lemak babi atau mentega
- 6 cawan udara
- Perasa pilihan anda

ARAHAN:
a) Lebih baik memasaknya dalam periuk segera atau periuk tekanan.
b) Masukkan udara dan lidah ke dalam periuk segera dan masak dengan 'Manual' selama 35 minit. Biarkan tekanan dilepaskan secara semula jadi.
c) Jika anda tidak mempunyai periuk segera, tuangkan udara ke dalam periuk. Masukkan lidah dan letakkan periuk di atas api sederhana.
d) Apabila ia mula mendidih, kecilkan api ke api perlahan. Masak bertutup sehingga empuk.
e) Keluarkan lidah dan letakkan di atas papan pemotong anda. Apabila cukup sejuk untuk dikendalikan, potong menjadi kepingan. Taburkan perasa pilihan anda di atasnya.
f) Letakkan kuali di atas api sederhana. Masukkan mentega. Setelah mentega cudara, letakkan hirisan lidah dalam kuali dan bakar selama 2-3 minit. Setelah selesai pada satu hujung, masak sebelah lagi sehingga anda mendapat warna coklat keemasan yang baik. Hidangkan panas.

92. Kebab Hati Maghribi

BAHAN-BAHAN:
- 8 auns lemak buah pinggang, pilihan tetapi dinasihatkan, dipotong menjadi kiub
- 2.2 paun hati anak lembu atau kambing segar (sebaik-baiknya hati anak lembu), keluarkan membran lutsinar, potong kiub ¾ inci

PERAP
- 2 sudu besar paprika manis yang dikisar
- 2 sudu teh garam
- 1 sudu teh jintan kisar

UNTUK BERKHIDMAT
- 2 sudu teh jintan kisar
- 2 sudu kecil lada cayenne (pilihan)
- 2 sudu teh garam

ARAHAN:
a) Letakkan hati dan lemak dalam mangkuk dan toskan dengan baik.
b) Taburkan paprika, garam, dan jintan manis di atasnya dan toskan sekali lagi sehingga bersalut.
c) Tutup mangkuk dan sejukkan selama 1 - 8 jam.
d) 30 minit sebelum memanggang, keluarkan mangkuk dari peti sejuk.
e) Sediakan gril anda dan panaskan pada api sederhana tinggi.
f) Betulkan kiub hati secara berselang-seli dengan kiub lemak buah pinggang pada lidi, tanpa meninggalkan sebarang jurang di antaranya. Letakkan kira-kira 6 - 8 kiub hati pada setiap lidi.
g) Letakkan lidi yang disediakan di atas panggangan dan panggang selama kira-kira 8 - 10 minit, pusingkan dengan kerap. Hati harus dimasak dengan baik di dalam dan kenyal apabila anda menekannya.
h) Hidangkan panas.

93. Quiche Pemakan Daging

BAHAN-BAHAN:
- 1 paun daging lembu kisar
- Hati lembu kisar 1 paun
- Jantung daging lembu 1 paun
- Mentega atau minyak sapi atau lemak daging lembu atau mana-mana lemak haiwan pilihan anda, untuk dimasak, mengikut keperluan
- Garam secukup rasa
- 6 biji telur

ARAHAN:
a) Ambil 2 pinggan pai (9 inci) dan sapukan sedikit mentega atau minyak sapi.
b) Pastikan ketuhar anda dipanaskan hingga 360° F.
c) Masukkan daging lembu, hati lembu, jantung lembu, garam, dan telur ke dalam mangkuk dan gaul rata.
d) Bahagikan adunan ke dalam 2 pinggan pai.
e) Bakar pai daging sehingga ditetapkan, kira-kira 15 hingga 20 minit.
f) Potong setiap satu kepada 4 baji yang sama apabila siap dan hidangkan.

94. Hati Lembu Mudah

BAHAN-BAHAN:
- 4 auns jantung daging lembu
- 4 auns daging lembu
- ½ sudu teh garam

ARAHAN:
a) Masukkan jantung daging lembu yang dikisar, daging lembu yang dikisar, dan garam ke dalam mangkuk dan gaul rata.
b) Bahagikan adunan kepada 2 bahagian dan buat bebola.
c) Simpan di dalam loyang yang diperbuat daripada kaca.
d) Pastikan ketuhar anda dipanaskan hingga 360° F.
e) Letakkan hidangan pembakar di dalam ketuhar dan bakar sehingga daging dimasak dengan baik dalam masa kira-kira 20 minit.

95.Kek Pemakan Daging

BAHAN-BAHAN:
BRAUNSCHWEIGER
- ¼ paun bahu babi atau lidah lembu, dipotong menjadi kiub
- 10 auns daging babi atau hati lembu, dipotong menjadi kiub
- 2 biji telur rebus, dikupas
- 6 auns lemak belakang babi, dipotong menjadi kiub
- 1 ½ sudu teh garam laut merah jambu

UNTUK TOPPING
- 6 keping prosciutto atau Carpaccio
- 6 keping bacon

ARAHAN:
a) Buat hidangan ini 1 hingga 2 hari sebelum makan.
b) Masukkan hati babi, bahu dan kiub lemak dalam pemproses makanan dan proses dengan baik.
c) Tuangkan ke dalam loyang bentuk spring. Tutup kuali dengan foil supaya udara tidak masuk ke dalam kuali. Pastikan ia dibalut rapat.
d) Ambil kuali pembakar, lebih besar daripada kuali bentuk spring dan tuangkan satu inci udara mendidih di bahagian bawah kuali.
e) Letakkan kuali bentuk spring dalam kuali pembakar.
f) Letakkan kuali pembakar bersama dengan kuali bentuk spring di dalam ketuhar selama kira-kira 2 jam. Pastikan ketuhar anda dipanaskan hingga 300° F sebelum meletakkan kuali pembakar di dalam ketuhar.
g) Keluarkan kuali bentuk spring dari ketuhar. Buat 2 perigi dalam kuali, cukup besar untuk sebiji telur muat masuk. Letakkan telur rebus dalam setiap perigi. Tutup telur dengan sesudu daging.
h) Sejukkan dan masukkan ke dalam peti sejuk selama 1 - 2 hari.
i) Letakkan hirisan prosciutto dan bacon di atas. Hidang.

96.Gigitan Buah Pinggang Daging Lembu Mudah

BAHAN-BAHAN:
- 2 buah pinggang daging lembu
- Mentega sejuk untuk dihidangkan (pilihan)
- Garam secukup rasa (pilihan)

ARAHAN:
a) Letakkan buah pinggang dalam periuk dan tutup dengan udara.
b) Letakkan periuk di atas api sederhana tinggi.
c) Sebaik sahaja ia mula mendidih, reneh pada api sederhana rendah, ditutup sebahagiannya.
d) Toskan udara selepas 8 minit.
e) Jika anda mahu, anda boleh membilas buah pinggang dengan udara.
f) Potong menjadi kepingan saiz gigitan. Perasakan dengan garam dan hidangkan dengan mentega jika digunakan.

97.Burger Hati Lembu dan Ayam

BAHAN-BAHAN:
- 2 auns hati ayam
- 10 daging lembu yang diberi makan rumput
- ½ sudu teh perasa ayam
- ½ sudu teh garam
- ¾ sudu teh ketumbar kisar
- ½ sudu teh lada

ARAHAN:
a) Masukkan hati ayam, daging lembu, perasa ayam, garam, ketumbar dan lada sulah dalam pemproses makanan dan proses dengan baik.
b) Buat 2 patties daripada adunan
c) Panaskan panggangan ke api sederhana tinggi.
d) Bakar burger di kedua-dua belah sebagai pilihan anda.
e) Hidangkan panas.

98.Hati Ayam

BAHAN-BAHAN:
- Hati ayam 2 paun, keringkan dengan tuala kertas
- 2 sudu kecil lada cayenne atau secukup rasa
- 2 sudu kecil lada atau secukup rasa
- 2 sudu kecil garam atau secukup rasa
- 2 sudu kecil serbuk bawang putih
- 2 sudu kecil serbuk bawang atau secukup rasa

ARAHAN:
a) Sediakan hidangan pembakar dengan melapik dengan foil.
b) Letakkan hati ayam dalam hidangan pembakar. Taburkan rempah dan gaul rata.
c) Pastikan ketuhar anda dipanaskan hingga 350° F.
d) Bakar hati ayam selama kira-kira 30 minit.
e) Hidangkan panas.

99.Sumsum Tulang Panggang

BAHAN-BAHAN:
- 8 bahagian sumsum tulang
- 1 sudu besar pasli cincang, untuk hiasan
- Lada yang baru dikisar secukup rasa
- Serpihan garam laut

ARAHAN:
a) Letakkan bahagian sumsum tulang dengan sumsum menghadap ke atas pada hidangan pembakar berbingkai.
b) Pastikan ketuhar anda dipanaskan hingga 350° F.
c) Bakar sumsum selama kira-kira 20 - 25 minit sehingga sumsum garing dan perang keemasan.
d) Taburkan garam dan pasli di atas dan hidangkan.

100.Pate Hati Ayam

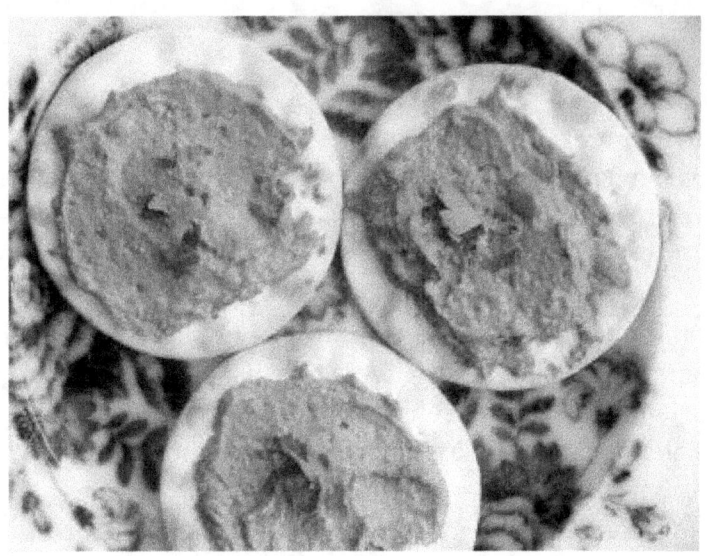

BAHAN-BAHAN:
- 4 auns hati ayam, dipotong, buang otot
- ½ sudu teh serbuk bawang
- ½ sudu besar pasli cincang
- Lada secukup rasa
- ¼ cawan mentega atau lemak itik
- 1 ulas bawang putih, dikupas, dikisar
- ¼ sudu teh garam

ARAHAN:
a) Letakkan kuali dengan ½ sudu besar mentega di atas api sederhana. Apabila mentega cudara, masukkan bawang putih dan kacau selama 30 - 45 saat sehingga naik bau.
b) Masukkan hati dan masak sehingga perang keemasan seluruhnya.
c) Masukkan pasli dan gaul rata. Tutup api selepas seminit.
d) Sejukkan seketika dan pindahkan ke dalam mangkuk pemproses makanan. Selain itu, masukkan baki mentega dan garam dan proses sehingga menjadi tulen.
e) Sudukan ke dalam 3 ramekin. Tutup dengan cling wrap dan sejukkan selama 4 - 8 jam. Hidangkan sejuk.

KESIMPULAN

Semasa kami menamatkan perjalanan kami melalui " Buku Masakan Luar Penawar Daging," kami berharap anda telah menerima keseronokan memburu dan kegembiraan memasak permainan liar di kawasan luar yang hebat. Setiap resipi dalam halaman ini adalah bukti kekayaan dan kepelbagaian perisa yang boleh dibuka apabila limpah kurnia alam semula jadi memenuhi kemahiran tukang masak luar.

Sama ada anda telah menikmati nota berasap daging rusa panggang, menikmati kehangatan rebusan unggun api, atau gembira dengan nuansa permainan salai, kami percaya bahawa resipi permainan liar ini telah menambah dimensi baharu pada himpunan masakan luar anda. Di sebalik resipi, semoga pengalaman memasak di atas api terbuka, bau asap kayu, dan detik-detik berkongsi di sekitar unggun api menjadi kenangan terindah dalam pengembaraan luar anda.

Sambil anda terus menerokai landskap yang luas dan tempat-tempat liar, semoga "Buku Masakan Luaran Pemakan Daging" menjadi teman anda yang dipercayai, memberi inspirasi kepada anda untuk bereksperimen dengan teknik baharu, meraikan keseronokan memburu dan berseronok dengan keseronokan memasak di luar. Berikut adalah kebebasan di udara terbuka, rasa liar dan tradisi berkekalan pesta luar. Selamat memasak, peminat luar!